시원스쿨 여행 중국어

시원스쿨어학연구소 지음

S 시원스쿨닷컴

시원스쿨

여행 중국어

초판 1쇄 발행 2024년 4월 5일

지은이 시원스쿨어학연구소
펴낸곳 (주)에스제이더블유인터내셔널
펴낸이 양홍걸 이시원

홈페이지 china.siwonschool.com
주소 서울시 영등포구 영신로 166 시원스쿨
교재 구입 문의 02)2014-8151
고객센터 02)6409-0878

ISBN 979-11-6150-830-6 10720
Number 1-410201-26260400-08

목차

CONTENTS

목차		**003**
이 책의 구성 및 활용		**004**
미리 보는 여행 중국어 사전		**006**

😊😄	PART 1 기내에서	**028**
✈️	PART 2 공항에서	**040**
🚩	PART 3 거리에서	**064**
🚕	PART 4 택시&버스에서	**078**
🚆	PART 5 전철&기차에서	**090**
🛏️	PART 6 호텔에서	**102**
🍴	PART 7 식당에서	**130**
📷	PART 8 관광할 때	**156**
🛒	PART 9 쇼핑할 때	**170**
✈️	PART 10 귀국할 때	**190**

이 책의 구성 및 활용

미리 보는
여행 중국어 사전

급할 때 바로 찾아 말할 수 있도록 단어와 문장을 가나다 사전식으로 구성하였습니다.

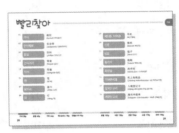

상황별 단어

공항, 호텔, 식당 등 여행지에서 자주 쓰는 어휘를 한눈에 보기 쉽게 정리하였습니다.

상황별 표현

여행에 꼭 필요한 필수 표현들만 엄선하여 수록하였습니다. 중국어를 몰라도 말하기가 가능하도록 한글 발음을 표기하였습니다.

시원스쿨 여행 중국어만의 특별한 부록

핵심 표현 정리집 PDF

테마별 단어 정리집 PDF

핵심 표현 정리집 PDF & 테마별 단어 정리집 PDF

시원스쿨 중국어(china.siwonschool.com) 홈페이지 ▶ 학습지원센터 ▶ 공부자료실 ▶ 도서명 검색한 후 무료로 다운로드 가능합니다.

미리 보는
여행 중국어 사전

필요한 단어와 문장을 한글 순서로 제시하였습니다.
원하는 문장을 바로바로 찾아 말해 보세요.

ㄱ

가방 / 包
· 가방 보려고요. 183
· 숄더백 보여 주세요. 183
· 토트백 보여 주세요. 183
· 클러치백 보여 주세요. 183
· 지갑 보여 주세요. 184
· 남자 지갑 보여 주세요. 184
· 여자 지갑 보여 주세요. 184

간식거리 / 零食
· 어떤 간식거리가 있나요? 033
· 땅콩 좀 주세요. 033
· 쿠키 좀 주세요. 033

감자튀김 / 薯条
· 감자튀김만 주세요. 145
· 감자튀김 큰 걸로요. 145
· 감자튀김 하나에 얼마예요? 145

개인 금고(보관함) / 个人保险柜
· 개인 금고는 어떻게 써요? 124
· 개인 금고가 안 열려요. 124
· 개인 금고에 물건이 있어요. 124

거리 / 街
· 이 거리가 어디예요? 072
· 이 거리로 데려다 주세요. 073
· 이 거리를 따라 쭉 가세요. 073
· 이 다음 거리에 있어요. 073

걷다 / 走
· 여기서 걸어 갈 수 있어요? 075
· 얼마나 걸어요? 075
· 걷기 싫은데 뭐 타면 돼요? 075

게이트 / 登机口
· 저 게이트를 못 찾겠어요. 044
· ○번 게이트는 어디에 있어요? 044

계산서(호텔) / 账单
· 계산서 보여 주세요. 125

· 계산서가 틀렸어요. 125
· 자세한 계산서를 보여 주세요. 126

계산서(식당) / 买单
· 계산할게요. 154
· 이 메뉴 안 시켰는데요. 154
· 세금 포함한 금액이에요? 154
· 계산서 좀 갖다 주세요. 154
· 영수증은 필요 없습니다. 154

고맙다 / 谢谢
· 고마워요. 077
· 도와줘서 고마워요. 077
· 당신 덕분이에요. 077

고수나물 / 香菜
· 고수나물은 빼 주세요. 139
· 저 고수나물 못 먹어요. 139
· 고수나물이 입에 맞지 않아요. 139

골목 / 胡同
· 이 골목으로 들어가요? 074
· 이 골목으로 들어가요. 074
· 이 골목은 아니에요. 074
· 다음 골목이에요. 074
· 이 골목은 위험해요. 074

공연 / 表演
· 공연 볼 거예요. 165
· 공연 언제 시작해요? 166
· 공연 얼마 동안 해요? 166

· 공연이 취소되었습니다. 166

공연 시간 / 表演时间
· 공연 보면서 뭐 먹어도 되나요? 167
· 공연 보면서 사진 찍어도 되나요? 167
· 공연 시간이 좀 짧네요. 167
· 공연 시간이 좀 길어요. 167

공항 / 机场
· 공항에 갈 거예요. 129
· 공항에 가려면 뭐 타요? 129
· 공항에 가는 버스 있어요? 129
· 택시 타는 게 가장 빨라요. 129
· 지하철역과 연결되어 있어요. 129
· 공항까지 걸어서 갈 수 있어요. 129

관광명소 / 景点
· 제일 유명한 관광명소가
  어떤 거죠? 163
· 관광명소 추천해 주세요. 163

교환 · 환불 / 换 · 退钱
· 옷을 교환하고 싶어요. 188
· 영수증 있으세요? 188
· 왜 교환하려고요? 188
· 어떤 걸로 교환하시겠어요? 188
· 망가졌어요. 188
· 마음에 안 들어요. 188
· 사이즈가 맞지 않아서요. 188
· 이거 환불하고 싶어요. 188
· 왜 환불하려고 하세요? 189

· 카드 가져오셨나요?   189
· 이미 포장을 뜯긴 했어요.   189
· 근데 안 썼어요.   189
· 고객님께서 구매하신 물품은
교환, 환불이 불가합니다.   189
· 한 사이즈 큰 것으로 바꿔
주세요.   189

급행열차 / 动车 · 高铁
· 여기로 가는 급행열차 있어요?   100
· 급행열차는 얼마예요?   100
· 이번 열차는 어디서 타요?   100
· 급행열차는 몇 시에 있어요?   100

기내면세품 / 机上免税品
· 기내면세품 좀 보여 주세요.   038
· 신용카드 되나요?   039
· 한국 원화 되나요?   039

기본요금 / 起步价
· 기본요금이 얼마예요?   081
· 기본요금이 비싸요.   081

기차역 / 火车站
· 기차역은 어디예요?   094
· 기차역은 어떻게 가요?   094
· 여기가 기차역이에요?   094
· 기차역은 여기서 멀어요?   094
· 열차를 잘못 탔어요.   094

길 / 路
· 이 길이 맞아요?   068
· 길 좀 알려 줄 수 있어요?   068
· 이 방향이 맞아요?   069
· 이 길이 아닌 것 같아요.   069

길을 잃다 / 迷路
· 저 길을 잃었어요.   077
· 우리 길을 잃은 것 같아요.   077

ㄴ

내리다 / 下车
· 저 여기서 내려요.   089
· 길가에 세워 주세요.   089

냅킨 / 餐巾纸
· 냅킨 더 주세요.   148
· 여기 냅킨 없어요.   148
· 냅킨 많이 좀 주세요.   148
· 화장실에 휴지가 없어요.   148
· 물티슈 있어요?   148

노선도 / 地铁路线图
· 노선도 한 장 주세요.   093
· 노선도 보는 것 좀 도와주세요.   094

ㄷ

단품 / 单品
· 아니요, 단품으로요.   144

· 단품 가격이에요?   144

닭고기 / 鸡肉
· 닭고기로 할게요.   140
· 닭 요리로 추천해 주세요.   140
· 닭고기가 덜 익었어요.   140

담요 / 毯子
· 저 담요가 없어요.   037
· 담요 하나 가져다주세요.   037
· 저 담요 하나만 더 주세요.   037

대기 / 等待
· 얼마나 대기해요?   047
· 어디서 대기해요?   047
· 나갈 수 있나요?   047

대기 장소 / 候机室
· 대기 장소는 어디예요?   047
· 대기 장소에서 기다리세요.   047

두 명이요 / 两个人
· 두 명이요.   134
· 혼자예요.   134

둘러보는 거예요 / 只是看看
· 그냥 보는 거예요.   173
· 혼자 둘러 볼게요.   173
· 도움이 필요하면 부를게요.
  감사해요.   174

드라이기 / 吹风机
· 드라이기 주세요.   117
· 드라이기가 없어요.   118
· 드라이기가 고장 났어요.   118
· 드라이기가 잘 안 돼요.   118

등 / 灯
· 등 어떻게 켜요?   035
· 등이 너무 밝아요.   035
· 등 좀 꺼 주세요.   035

뜨거운 / 热的
· 뜨거운 걸로 주세요.   149
· 뜨거운 아메리카노 한 잔이요.   149
· 뜨거운 차 한 잔이요.   149
· 뜨거운 물 한 잔 주세요.   149

ㄹ

레스토랑 / 饭店
· 레스토랑은 어디예요?   048
· 한국 레스토랑 있어요?   048
· 오래 걸려요?   048

로비 / 大厅
· 로비는 어디예요?   106
· 로비를 못 찾겠는데요.   106
· 로비로 데려가 주세요.   106

룸 서비스 / 客房服务
· 룸 서비스 시킬게요.   123

· 룸 서비스 메뉴 보고 싶어요. 123
· 룸 서비스로 아침 갖다 주세요. 123
· 룸 서비스로 레드와인 한 병
  갖다 주세요. 123
· 룸서비스가 왜 안 오죠? 123

□

맞은편 / 対面
· 맞은편에서 타야 됩니다. 088
· 맞은편으로 가려면 어떻게 가요? 088
· 맞은편에서 버스 타면 시내에
  가요? 089

매진 / 售完
· 매진되었나요? 168
· 다음 공연은 몇 시예요? 168
· 아예 표가 없어요? 168

매표소(전철&기차) / 售票处
· 매표소는 어디예요? 096
· 매표소는 어떻게 가요? 096
· 매표소로 데려다 주세요. 096
· 표 살 거예요. 096
· 표를 잘못 샀어요. 096

매표소(관광) / 售票处
· 매표소는 어디예요? 158
· 매표소는 가까워요? 158
· 매표소로 데려가 주세요. 158
· 몇 장 필요하세요? 158

· 두 장 주세요. 158

메뉴 / 菜单
· 메뉴판 좀 주세요. 137
· 여기 특선 메뉴가 뭔가요? 137
· 특별한 메뉴가 있나요? 137
· 오늘의 메뉴는 뭐죠? 138
· 메뉴가 잘못 나왔어요. 138

면세점 / 免税店
· 면세점은 어디예요? 048
· 면세점은 멀어요? 048
· 화장품은 몇 층에 있어요? 048
· 선물 포장해 주세요. 049

몇 층 / 几楼
· 제 방은 몇 층이에요? 111
· 수영장은 몇 층에 있어요? 111
· 운동하는 곳은 몇 층에 있어요? 111
· 스파는 몇 층에 있어요? 111
· 지하 1층에 있어요. 111
· 2층에 있어요. 112

몇 호선 / 几号线
· 여기 가려고 하는데 몇 호선
  타요? 093
· 이 노선 타면 여기 가나요? 093
· 이 노선으로 갈아탈 거예요. 093

모닝콜 / 叫醒服务
· 모닝콜 해 주세요. 122

· ○시에 해 주세요.   122
· 모닝콜 취소할게요.   122
· 모닝콜 연달아 두 번 해 주세요.   123

모퉁이 / 弯儿
· 이 모퉁이를 돌면 있어요.   073
· 여기 돌면 이 건물이 있어요?   073
· 여기가 아니라 다음 모퉁이에요.   073

물 / 水
· 물이 안 나와요.   119
· 물이 뜨거워요.   119
· 물이 차가워요.   119
· 물 온도 조절이 안 돼요.   119
· 샤워기에서 물이 안 나와요.   119
· 변기 물이 안 내려가요.   119
· 샴푸를 다 썼어요.   119

물티슈 / 湿巾
· 물티슈 좀 주세요.   034
· 물티슈 좀 더 주세요.   035

ㅂ

발권기 / 售票机
· 무인 발권기는 어디에 있어요?   097
· 발권기는 어떻게 사용해요?   097
· 발권기 쓰는 것 좀 가르쳐
  주실래요?   097
· 제 표가 안 나왔어요.   097

방 / 房间
· 제 방이 어디죠?   112
· 제 방을 못 찾겠어요.   112
· 제 방이 너무 더워요.   112
· 제 방이 너무 추워요.   112
· 제 방에서 냄새나요.   112
· 문이 안 열려요.   112

방 키 / 房卡
· 방 키 하나 더 주세요.   110
· 방 키가 없어졌어요.   110
· 방 키가 안 돼요.   110

버스 / 公共汽车(公交车)
· 이거 시내 가는 버스예요?   088
· 이거 공항 가는 버스예요?   088
· 이거 지하철역 가는 버스예요?   088

버스 요금 / 车票
· 버스 요금이 얼마예요?   087
· 버스 요금은 현금으로 내요?   087
· 버스 요금은 어떻게 내요?   087

버스 정류장 / 公共汽车站(公交车站)
· 버스 정류장은 어디예요?   086
· 버스 정류장은 가까워요?   087
· 버스는 어디서 탈 수 있어요?   087
· 버스 정류장 걸어갈 수 있어요?   087

베개 / 枕头
· 베개 하나 더 주세요.   117

· 베개가 너무 딱딱해요.　117
· 베개가 너무 높아요.　117
· 베개가 너무 낮아요.　117
· 베개 큰 거 있어요?　117

변경 / 換
· 제 비행기 변경하려고요.　191
· 제 자리 업그레이드하려고요.　191
· 제 비행기를 놓쳤어요.　191
· 다음 비행기편은 언제예요?　191

분실(신고) / 挂失
· 제 짐이 없어졌어요.　055
· 제 짐을 못 찾겠어요.　055
· 어디 가서 분실 신고를 하죠?　056

비행기편, 항공편 / 航班
· 다음 비행기는 몇 시인가요?　046
· 다음 항공편은 얼마예요?　046
· 다음 항공편은 어떤 항공사　046
　예요?

빨대 / 吸管
· 빨대 어디 있어요?　147
· 빨대 안 주셨는데요.　147
· 빨대가 없어요.　148
· 빨대 더 주세요.　148

빨리 / 快
· 빨리 가 주실 수 있나요?　084
· 빨리 가 주세요.　084

· 빨리 가야 돼요.　085

ㅅ

사이즈(식당) / 大小
· 제일 큰 거 주세요.　150
· 제일 작은 거 주세요.　150

사이즈(쇼핑) / 大小
· 사이즈가 어떻게 되세요?　176
· 너무 커요.　176
· 너무 작아요.　176
· 더 큰 걸로 주세요.　176
· 더 작은 걸로 주세요.　176
· 원 사이즈입니다.　177
· 프리 사이즈입니다.　177
· L 사이즈로 주세요.　177
· L 사이즈는 66 사이즈인가요?　177
· M 사이즈로 주세요.　177
· S 사이즈로 주세요.　177

사진 / 照片
· 사진 찍으시면 안 됩니다.　164
· 사진 찍어도 되나요?　164
· 사진 한 장만 찍어 줄래요?　164
· 이것도 나오게 찍어 주세요.　164
· 우리 같이 찍어요.　164
· 배경 나오게 찍어 주세요.　164
· 독사진 좀 찍어 주세요.　165
· 상반신만 나오게 찍어 주세요.　165

· 전신컷으로 찍어 주세요. 165
· 하나, 둘, 셋, 김치하세요. 165
· 웃으세요. 165
· 몇 장 더 찍어 주세요. 165

샌드위치 / 三明治
· 샌드위치 있어요? 151
· 샌드위치 뭐 있어요? 152
· 샌드위치 다 떨어졌어요. 152
· 닭고기 샌드위치 있어요? 152
· 샌드위치 할인해요. 152
· 포인트 적립해 드릴까요? 152

선물 / 礼物
· 선물 포장해 주세요. 179
· 선물로 뭐가 좋은가요? 179
· 이거 선물로 어때요? 179
· 잘 포장해 주세요. 179
· 포장은 이거 하나만 해 주세요. 180
· 포장하는 데 돈 들어요? 180

설명 / 讲解
· 설명해 주시는 분 있어요? 163
· 한국어로 된 설명도 있어요? 163
· 번역기 있어요? 164

세관신고서 / 海关申报单
· 세관신고서는 어떻게
  작성하나요? 039

세워 주세요 / 停车
· 여기서 세워 주세요. 085
· 횡단보도에서 세워 주세요. 085
· 모퉁이 돌아서 세워 주세요. 085

세탁 / 洗衣
· 세탁 서비스 신청할게요. 124
· 세탁 서비스는 언제 와요? 124
· 세탁물이 망가졌어요. 124

세트 / 套餐
· 5번 세트 주세요. 143
· 세트 가격이에요? 143

셔츠 / 衬衫
· 셔츠 보려고요. 174
· 이거 남자 거예요? 174
· 이거 여자 거예요? 174
· 넥타이도 볼 거예요. 174
· 또 다른 거 있어요? 174
· 색깔 다른 거 있어요? 174
· 더 싼 거 있어요? 175
· 새것 있어요? 175

셔틀버스 / 机场巴士
· 셔틀버스는 어디서 타요? 060
· 셔틀버스는 몇 시에 출발해요? 061
· 이 셔틀버스는 시내에 가요? 061
· 셔틀버스는 얼마예요? 061

수건 / 毛巾
· 수건 더 주세요. 115
· 수건이 없어요. 115
· 수건이 더러워요. 115
· 수건 깨끗한 걸로 주세요. 115
· 큰 수건으로 주세요. 115

수하물 찾는 곳 / 行李领取处
· 수하물은 어디서 찾아요? 054
· 수하물 찾는 곳은 어디예요? 054
· 수하물 찾는 곳으로
  데려가 주세요. 054

숟가락 / 勺子
· 숟가락 좀 주세요. 141
· 숟가락을 떨어뜨렸어요. 141
· 숟가락에 뭐가 묻어 있어요. 141
· 숟가락 하나 더 주세요. 141
· 다른 숟가락으로 주세요. 141

슬리퍼 / 拖鞋
· 슬리퍼 있어요? 037
· 이 슬리퍼 불편해요. 037
· 슬리퍼 바꿔 주세요. 037

승강장 / 站台
· ○번 승강장은 어디예요? 100
· 승강장을 못 찾겠어요. 101

시간표 · 일정 / 时间表
· 시간표는 어디서 봐요? 161

· 이 공연 시간표 좀 보여 주세요. 161
· 시간표가 달라요. 162
· 이 공연 일정 좀 보여 주세요. 162
· 자세한 일정은 어디에 있나요? 162
· 이 일정이 맞아요? 162

시계 / 手表
· 손목시계 보려고요. 182
· 여자 걸로 보려고요. 183
· 남자 걸로 보려고요. 183
· 어린이 시계로 보려고요. 183

식사 / 用餐
· 식사가 언제인가요? 033
· 어떤 걸로 드릴까요? 033
· 식사 나중에 할게요. 033
· 지금 저 식사할게요. 034

(세관) 신고 / 申报
· (세관) 신고할 물건 없어요. 056
· (세관) 신고할 물건 있어요. 056
· (세관) 신고하려면 어디로
  가죠? 056

신문 / 报纸
· 신문 좀 갖다 주세요. 036
· 한국 신문 있어요? 036
· 스포츠 신문 있어요? 036
· 신문은 없고, 잡지만 있어요. 036

신용카드(호텔) / 信用卡
- 카드로 하실래요, 현금으로
  하실래요?   127
- 신용카드 되나요?   127
- 신용카드가 안 긁혀요.   127
- 다른 신용카드는 없어요.   127
- 한번 더 긁어 봐 주세요.   127
- 여행자 수표 받아요?   128
- 현금이 없어요.   128

신용카드(식당) / 信用卡
- 신용카드 되나요?   154
- 여행자 수표 되나요?   155
- 현금으로 할게요.   155
- 할부로 해 주세요.   155
- 일시불로 해 주세요.   155
- 현금이 부족해요.   155
- 카드 결제되나요?   155
- 여기에 사인해 주세요.   155

ㅇ

안전벨트 / 安全帶
- 안전벨트를 매 주세요.   031
- 제 안전벨트가 없어요.   031
- 제 안전벨트가 헐렁해요.   031
- 제 안전벨트가 타이트해요.   031

약국 / 药店
- 약국은 어디에 있어요?   062

- 두통약 있나요?   062
- 감기약 있나요?   063
- 설사약 있나요?   063

어디로 가 주세요 / 请到······
- 여기로 가 주세요.   081
- 이 주소로 가 주세요.   081
- 이 호텔로 가 주세요.   082
- 이 박물관으로 가 주세요.   082
- 이 미술관으로 가 주세요.   082
- 공항으로 가 주세요.   082

어디 있어요 / 在哪儿
- 이 장소는 어디에 있어요?   066
- 이 레스토랑은 어디에 있어요?   066
- 이 백화점은 어디에 있어요?   066
- 박물관은 어디에 있어요?   066
- 미술관은 어디에 있어요?   066
- 버스 정류장은 어디에 있어요?   066
- 지하철역은 어디에 있어요?   067

어떻게 가요 / 怎么去
- 여기는 어떻게 가요?   067
- 저기는 어떻게 가요?   067
- 이 주소로 어떻게 가요?   067
- 이 건물은 어떻게 가요?   068
- 이 레스토랑은 어떻게 가요?   068
- 이 박물관은 어떻게 가요?   068
- 버스 정류장은 어떻게 가요?   068
- 지하철역은 어떻게 가요?   068

○일 동안 머무르다 / 我要呆○天

· 3일 동안 머무를 거예요.   053
· 1주일 동안 머무를 거예요.   053
· 2주일 동안 머무를 거예요.   053
· 한 달 동안 머무를 거예요.   053
· 방학 동안 여기에 머무를
  거예요.   053

얼마 / 多少钱

· 1박에 얼마예요?   108
· 2박에 얼마예요?   108
· 할인 받을 수 있어요?   108
· 보증금이 얼마예요?   108

얼마나 걸려요 / 多长时间

· 여기서 얼마나 걸려요?   076
· 걸어서 얼마나 걸려요?   076
· 버스로 얼마나 걸려요?   076
· 공항버스로 얼마나 걸려요?   076
· 지하철로 얼마나 걸려요?   076
· 택시로 얼마나 걸려요?   076

얼음 / 冰块

· 얼음 많이 주세요.   147
· 얼음 조금만 주세요.   147
· 얼음 너무 많아요.   147
· 얼음 빼고 주세요.   147

엘리베이터 / 电梯

· 엘리베이터는 어디 있어요?   110
· 엘리베이터 문이 안 열려요.   111

여기 묵을 거예요 / 我要住这儿

· 호텔에 묵을 거예요.   052
· 게스트 하우스에 묵을 거예요.   053
· 친척 집에 묵을 거예요.   053

여기서 먹다 / 在这儿吃

· 드시고 가세요?
  아니면 가져가세요?   146
· 여기서 먹을 거예요.   146

여행 안내소 / 旅行服务站

· 여행 안내소는 어디예요?   058
· 여행 안내소로 데려다 주세요.   058
· 지도 좀 주세요.   058
· 한국어 지도 있어요?   058
· 여행 책자 있어요?   058

연착(공항) / 误点

· 제 비행기 연착됐어요?   046
· 왜 연착됐어요?   046
· 언제까지 기다려요?   046

연착(귀국) / 误点

· 비행기가 연착되었습니다.   191
· 얼마나 기다려요?   192
· 다른 비행기로 바꿀 수 있어요? 192

영수증 / 发票

· 영수증 주세요.   086
· 영수증 안 주셨어요.   086

영업 시간 / 营业时间
· 영업 시간이 언제예요?   160
· 언제 열어요?   161
· 언제 닫아요?   161
· 주말에도 문 여나요?   161
· 연중무휴입니다.   161
· 월요일에만 휴무입니다.   161

예약(호텔) / 预定
· 예약했어요.   106
· 예약 안 했어요.   107
· 이 사이트로 예약했는데요.   107
· 예약은 제 이름 윤주희로 했어요. 107

예약(식당) / 预定
· 예약했어요.   134
· 예약 안 했어요.   134
· 두 명으로 예약했어요.   134
· 윤주희로 예약했어요.   135

오른쪽 / 右边
· 오른쪽으로 가요.   072
· 오른쪽 모퉁이를 돌아요.   072
· 오른쪽 건물이에요.   072

와이파이 / 无线网 · WIFI
· 여기 와이파이 되나요?   152
· 와이파이 비밀번호가 뭐예요?   152
· 와이파이 좀 연결해 주세요.   153

왕복 티켓(전철&기차) / 往返票
· 왕복으로 한 장이요.   099
· 이거 왕복 티켓 아닌데요.   099
· 이거 왕복 티켓 맞아요?   099
· 이거 왕복으로 바꿀 수 있어요? 099

왕복 티켓(공항) / 往返票
· 왕복 티켓 보여 주세요.   051
· 왕복 티켓 있으세요?   051
· 네, 여기 제 왕복 티켓이요.   051
· 왕복 티켓을 샀어요.   051

외국인 / 外国人
· 외국인은 여기에서 줄 서나요? 049
· 저는 한국 사람입니다.   049

왼쪽 / 左边
· 왼쪽으로 가요.   071
· 왼쪽 모퉁이를 돌아요.   071
· 왼쪽으로 계속 가요.   071
· 왼쪽 건물이에요.   072

요금(택시&버스) / 费
· 요금이 얼마예요?   083
· 요금 얼마 드려야 되죠?   083
· 요금이 비싸요.   083
· 현금으로 할게요.   083
· 택시 요금 할증이 붙나요?   083

요금(전철&기차) / 票价
· 요금은 얼마예요?   097

· 신용카드는 되나요? 098
· 현금이 없어요. 098
· 여행자 수표 되나요? 098

요금(호텔) / 费用
· 이 요금은 뭐죠? 126
· 요금이 더 나온 거 같은데요. 127
· 요금 합계가 틀렸어요. 127

요청 / 申请
· 미리 요청은 안 했어요. 192
· 지금 요청은 불가능해요? 192

욕조 / 浴缸
· 욕조가 더러워요. 118
· 욕조 좀 닦아 주세요. 118
· 욕조의 물이 안 빠져요. 118
· 샤워기가 고장 났어요. 118

우등석 / 软卧
· 우등석으로 주세요. 095
· 우등석은 얼마예요? 095
· 일반석이랑 우등석 차이가
  뭔가요? 096

우유 / 牛奶
· 우유 많이 넣어 주세요. 151
· 우유 어떤 걸로 드릴까요? 151
· 저지방 우유로 주세요. 151
· 두유로 주세요. 151
· 요거트 주세요. 151

웨이터(여기요) / 服务员
· 여기요! 136
· 매니저를 불러 줘요. 136
· 매니저랑 얘기할래요. 136

음료(기내) / 饮料
· 마실 것 좀 주세요. 031
· 물 한 잔 주세요. 032
· 오렌지 주스 한 잔 주세요. 032
· 콜라 한 잔 주세요. 032
· 사이다 한 잔 주세요. 032
· 녹차 한 잔 주세요. 032
· 커피 한 잔 주세요. 032
· 맥주 한 잔 주세요. 032
· 레드와인 한 잔 주세요. 032
· 밀크티 두 잔 주세요. 032

음료(식당) / 饮料
· 음료는 어떤 게 있어요? 142
· 생수 한 병 주세요. 142
· 탄산수 주세요. 142
· 콜라 주세요. 142
· 사이다 주세요. 142
· 오렌지 주스 주세요. 142
· 커피 주세요. 142
· 맥주 한 병 주세요. 142
· 레드와인 한 잔 주세요. 143
· 얼음 많이 주세요. 143
· 리필 되나요? 143
· 음료가 아직 안 나왔어요. 143

· 이것 좀 데워 주세요.　143

인터넷 / 因特网
· 인터넷이 안 돼요.　120
· 인터넷 할 수 있는 데는
　어디예요?　120
· 랜선이 없어요.　120
· 와이파이가 안 터져요.　120
· 와이파이 터지는 데가 어디예요?　120
· 컴퓨터 쓸 수 있는 데가 어디예요?　120
· 와이파이 번호는 몇 번이에요?　120

일반석 / 硬卧
· 일반석으로 주세요.　095
· 일반석 남았어요?　095
· 일반석은 얼마예요?　095

입국신고서 / 入境登记卡
· 입국신고서는 어떻게
　작성하나요?　039
· 입국신고서 한 장 더 줘요.　039

입어(신어) 볼게요 / 试穿一下
· 이거 입어(신어) 볼게요.　177
· 다른 거 입어 볼게요.　178
· 다른 사이즈 신어 볼게요.　178
· 37 사이즈 있나요?　178
· 굽 낮은 구두 있나요?　178
· 플랫슈즈 있나요?　178

입장료 / 门票

· 입장료가 얼마예요?　159
· 어린이 입장료는 얼마예요?　159
· 입장료만 사면 다 볼 수 있나요?159
· 저는 전체 관람권을 사고 싶어요.159
· 성인 한 명과 아이 한 명이요.　159

잃어버리다 / 丢了
· 티켓을 잃어버렸어요.　169
· 휴대 전화를 잃어버렸어요.　169

ㅈ

자리 / 座位
· 자리 있어요?　101
· 여기 앉아도 되나요?　101
· 여기는 제 자리입니다.　101

잔돈 / 零钱
· 잔돈은 됐어요.　085
· 거스름돈은 왜 안 주나요?　086
· 동전으로 주세요.　086

전망 / 风景
· 바다 전망으로 주세요.　114
· 도심 전망으로 주세요.　115
· 전망 좋은 데로 주세요.　115

젓가락 / 筷子
· 젓가락을 떨어뜨렸어요.　140
· 젓가락에 뭐가 묻어 있어요.　140
· 젓가락 하나 더 주세요.　141

· 다른 젓가락으로 주세요.　141

제 거예요 / 这是我的
· 이 가방 제 거예요.　055
· 이 카트 제 거예요.　055

제일 가까운 / 最近的
· 제일 가까운 호텔이 어디죠?　061
· 제일 가까운 레스토랑이
　어디죠?　061
· 제일 가까운 카페가 어디죠?　061
· 제일 가까운 전철역이 어디죠?　061

제한 / 限制
· 중량 제한이 얼마예요?　193
· 기내 중량 제한은요?　193
· 이거 가져갈 수 있나요?　193
· 이러한 물건들은 가져갈 수
　없어요.　193

조식 / 早餐
· 조식은 어디서 먹어요?　109
· 몇 시부터 조식을 먹을 수
　있어요?　109
· 조식으로 뭐가 있죠?　109
· 조식 몇 시까지예요?　109
· 조식 포함하면 얼마예요?　109
· 조식비 포함입니다.　109

좌석(기내) / 座位
· 여기는 당신의 자리인가요?　030
· 제 자리인데요.　030
· 제 자리는 어딘가요?　030
· 제 자리 차지 마세요.　030
· 자리 옮겨도 되나요?　030
· 저 창가 쪽 자리로 주세요.　030

좌석(관광) / 座位
· 앞 좌석으로 주세요.　168
· 뒷 좌석으로 주세요.　168
· 중간 좌석으로 주세요.　168
· 좋은 자리로 주세요.　168

주류 / 酒类
· 술은 어디서 사요?　180
· 레드와인 보여 주세요.　180
· 마오타이주 보여 주세요.　180
· 공부가주 보여 주세요.　180
· 이과두주 보여 주세요.　180
· 제가 몇 병 살 수 있어요?　181

주문 / 点菜
· 주문할게요.　136
· 이거 주세요.　137
· 주문했는데요.　137
· 오래 전에 주문했어요.　137
· 주문하시겠어요?　137

주소(거리) / 地址
· 이 주소는 어디예요?　070

· 이 주소는 어떻게 가요? 070
· 이 주소 아세요? 070
· 이 주소로 데려다 주세요. 070

주소(택시&버스) / 地址
· 이 주소로 가 주세요. 082
· 이 주소 어딘지 아세요? 082
· 이 주소가 이상해요. 082
· 이 주소에서 가까운 데로
  가 주세요. 083

주연 배우 / 主演
· 주연 배우가 누구예요? 166
· 주연 배우가 유명해요? 166
· 그 드라마 여기서 찍었나요? 166
· 주연 배우 때문에 관광명소가
  되었어요. 166

지도 / 地图
· 이 지도가 맞아요? 071
· 지도상의 여기가 어디예요? 071
· 약도 좀 그려 주세요. 071

지문 / 指纹
· 지문 여기에 갖다 대세요. 050
· 오른손이요? 051
· 왼손이요? 051

지하철역 / 地铁站
· 지하철역은 어디예요? 092
· 지하철역은 어떻게 가요? 092

· 여기가 지하철역이에요? 092
· 지하철역은 여기서 멀어요? 092
· 지하철역으로 데려다 주세요. 092
· 어느 출구로 나가나요? 092

짐 / 行李
· 짐 맡길 수 있어요? 113
· 짐 올려 주실 수 있어요? 113
· 이거 제 짐이 아니에요. 113
· 제 짐이 없어졌어요. 113
· 제 짐 좀 찾아 주세요. 113
· 체크인하기 전에 짐 맡아
  주세요. 113
· 짐이 몇 개인가요? 113

ㅊ

차 / 茶
· 우롱차 있어요? 181
· 보이차 있어요? 181
· 모리화차 있어요? 181
· 용정차 있어요? 181
· 화차 있어요? 181
· 녹차 있어요? 181

차가운 / 冰的
· 차가운 걸로 주세요. 149
· 차가운 아메리카노 한 잔이요. 149
· 차가운 물 한 잔 주세요. 150
· 차가운 맥주 한 병 주세요. 150

· 한 병 더 주세요.   150

찾다 / 找

· 저 여기를 찾아요.   069
· 이 주소를 찾아요.   069
· 레스토랑을 찾아요.   069
· 버스 정류장을 찾아요.   069
· 택시 정류장을 찾아요.   069
· 지하철역을 찾아요.   070
· 쇼핑몰을 찾아요.   070

청소 / 打扫

· 청소해 주세요.   121
· 청소가 안 되어 있어요.   121
· 청소 안 해주셔도 됩니다.   122
· 오후에 청소해 주세요.   122
· 화장실 청소 안 되어 있어요.   122
· 쓰레기통이 안 비워져 있어요.   122

체크아웃 / 退房

· 체크아웃 할게요.   125
· 체크아웃 몇 시예요?   125
· 하루 더 연장할게요.   125
· 체크아웃 좀 있다 할게요.   125

체크인 / 入住

· 체크인하려고요.   107
· 체크인은 어디서 해요?   107
· 체크인은 몇 시에 하나요?   107
· 체크인하기 전에 짐 맡아 주세요.   108
· 보증금이 있습니다.   108

추가 요금 / 附加费

· 왜 추가 요금이 있죠?   126
· 어떤 게 추가된 거예요?   126
· 이 추가 요금 설명해 주세요.   126

추천(식당) / 推荐

· 여기 특선 메뉴가 뭔가요?   138
· 메뉴 추천해 주실래요?   138
· 이 둘 중 어떤 걸 추천해요?   138
· 레드와인 추천해 주세요.   138

추천(관광) / 推荐

· 추천할 만한 볼거리 있어요?   162
· 제일 추천하는 곳은 어디예요?   162
· 추천 안 하는 곳은 어디예요?   162
· 추천하는 코스가 있나요?   163

추천(쇼핑) / 推荐

· 추천할 만한 옷 있어요?   172
· 추천할 만한 선물 있어요?   172
· 부모님 선물 좀 추천해 주세요.   172
· 이 옷이랑 어울릴 만한 걸로
  추천 좀 해 주세요.   172
· 이거 있어요?   172
· 있어요, 저를 따라오세요.   173
· 있어요, 제가 가져다드릴게요.   173
· 저쪽에 있어요.   173

출구 / 出口

· 출구는 어디예요?   057
· 출구는 어느 쪽이예요?   057

· 출구를 못 찾겠어요.   057
· 출구로 데려다 주세요.   058

출입국 관리소 / 出入境管理处
· 출입국 관리소는 어디로 가요?   049
· 저를 출입국 관리소로
  데려다 주세요.   049

치마 / 裙子
· 치마 보려고요.   175
· 긴 치마 있어요?   175
· 짧은 치마 있어요?   175
· 원피스 있어요?   175
· 치파오 있나요?   175
· 청치마 있어요?   176
· 체크무늬 치마 있어요?   176

침대 / 床
· 싱글 침대로 주세요.   114
· 더블 침대로 주세요.   114
· 제일 큰 침대로 주세요.   114
· 제일 큰 침대 있는 방은
  얼마예요?   114

칫솔 / 牙刷
· 칫솔이 없어요.   116
· 칫솔 하나 주세요.   116
· 칫솔 하나 더 주세요.   116
· 치약 주세요.   116
· 어린이용 칫솔 주세요.   116

· 어린이용 치약 있어요?   116
· 부드러운 칫솔 없나요?   116
· 치실 있어요?   116

ㅋ

카트 / 手推车
· 카트는 어디에 있어요?   054
· 카트는 공짜예요?   054
· 카트가 고장 났나봐요.   054
· 카트가 없는데요.   055

콜라 / 可乐
· 콜라 주세요.   145
· 콜라 차가운 걸로 주세요.   145
· 제로 콜라로 주세요.   145

ㅌ

탑승 / 登机
· 탑승 언제 해요?   045
· 얼마나 기다려요?   045

택시(공항) / 出租车
· 택시 어디서 탈 수 있어요?   059
· 택시 타는 데 데려다 주세요.   060
· 택시 타면 비싼가요?   060
· 택시 타고 시내 가려고요.   060
· 택시 대신 뭐 탈 수 있어요?   060
· 택시 기본요금이 얼마예요?   060

택시(호텔) / 出租车

· 택시 좀 불러 주세요.   128
· 택시비가 비싼가요?   128
· 택시로 어디 가시나요?   128
· 돌아가지 마세요.   128
· 늦었어요, 서둘러 주세요.   128
· 택시비는 대략 얼마 나와요?   129

택시 정류장 / 出租车站

· 택시 정류장은 어디예요?   080
· 택시 정류장이 가까워요?   080
· 택시는 어디서 탈 수 있어요?   080
· 택시 정류장은 걸어갈 수 있어요?   080
· 택시 정류장이 안 보여요.   080

테이블 / 桌子

· 테이블이 더러워요.   135
· 테이블 좀 닦아 주세요.   135
· 테이블이 조금 흔들거려요.   135
· 테이블이 너무 좁아요.   135
· 다른 자리로 주세요.   135
· 창가 자리로 주세요.   136

텔레비전 / 电视

· 텔레비전이 안 나와요.   121
· 리모컨이 안 돼요.   121
· 음량 조절 어떻게 해요?   121
· 채널 어떻게 바꾸죠?   121

통역사 / 翻译

· 한국인 통역사 불러 주세요.   050

· 못 알아 듣겠어요.   050
· 천천히 말씀해 주세요.   050
· 다시 한번 말씀해 주세요.   050

트렁크 / 后备箱

· 트렁크 열어 주세요.   084
· 트렁크가 안 열려요.   084
· 팁 드릴게요.   084
· 이거 넣는 것 좀 도와주시겠어요?   084

ㅍ

펜 / 笔

· 펜 좀 빌려주세요.   034
· 이 펜 안 나와요.   034
· 다른 펜으로 주세요.   034

편도 티켓 / 单程票

· 편도로 두 장 주세요.   098
· 이거 편도표 아닌데요.   098
· 이거 편도표 맞아요?   098
· 이거 편도로 바꿀 수 있어요?   098

포장하다 / 打包

· 드시고 가세요?
  아니면 포장이세요?   146
· 포장이에요.   146
· 감자튀김만 포장해 주세요.   146
· 햄버거만 포장해 주세요.   146

표, 티켓 / 票

· 여기 가는 표 한 장이요.　099
· ○○○역으로 가는 표 한 장이요.　099

피팅룸 / 试衣间

· 피팅룸은 어디예요?　178
· 피팅룸을 못 찾겠어요.　178
· 몇 개 입어 볼 수 있어요?　179
· 이건 안 입어 봤어요.　179
· 이거 살 게요.　179

ㅎ

~하러 왔어요 / 我来的原因是

· 휴가 보내러 왔어요.　052
· 출장 때문에 왔어요.　052
· 여행하러 왔어요.　052

한국 요리 / 韩国料理

· 이거 한국 음식이에요.　056
· 김이에요.　057
· 고추장이에요.　057
· 김치예요.　057
· 이상한 거 아니에요.　057

할인(관광) / 打折

· 할인되나요?　160
· 학생 할인되나요?　160
· 할인된 가격이에요?　160
· 단체 할인되나요?　160

할인·세일(쇼핑) / 打折·优惠

· 할인되나요?　186
· 얼마나 할인해 주시나요?　186
· 할인 더 해 주세요.　186
· 할인하면 얼마예요?　186
· 이거 세일해요?　186
· 이거 세일 금액이에요?　186
· 이건 세일 품목이 아닙니다.　186
· 너무 비싸요.　187
· 깎아 주세요.　187
· 조금 더 깎아 주세요.　187
· 카드로 하실 건가요, 현금으로
　하실 건가요?　187
· 현금으로 할게요.　187
· 카드로 할게요.　187
· 이 옷은 60% 할인해요.　187
· 원가는 200위안인데, 50% 할인해
　드릴게요.　187
· 원 플러스 원입니다.　187

해산물 / 海鲜

· 해산물 요리로 할게요.　139
· 해산물 알레르기가 있어요.　139
· 어떤 해산물을 좋아해요?　139

햄버거 / 汉堡

· 햄버거 하나만 할게요.　144
· 햄버거로만 두 개요.　144
· 햄버거 하나에 얼마예요?　144
· 치즈 버거로 주세요.　144

향수 / 香水
· 향수 보려고요. 182
· 이거 시향해도 되나요? 182
· 달콤한 향 있어요? 182
· 상큼한 향 있어요? 182

헤드폰 · 이어폰 / 耳机
· 헤드폰 가져다주세요. 035
· 헤드폰이 고장 났어요. 036
· 어디에 꽂아요? 036
· 새것으로 바꿔 주세요. 036

현금 지급기 / 取款机
· 현금 지급기는 어디에 있어요? 063
· 100위안을 인출하려고요. 063
· 원하는 서비스를 선택하세요. 063
· 비밀번호를 입력하세요. 063

화장실(기내) / 洗手间
· 화장실이 너무 더러워요. 038
· 화장실 청소가 안 되었어요. 038
· 누가 화장실에 있나요? 038
· 화장실 가려면 줄을 서야
  하나요? 038

화장실(공항) / 洗手间
· 화장실은 어디 있어요? 062
· 화장실은 밖에 있나요? 062
· 화장실은 라운지 안에 없어요? 062
· 화장실에 휴지 있어요? 062

화장실(식당) / 洗手间
· 화장실은 어디 있어요? 153
· 누구 있어요? 153
· 화장실이 잠겼는데요. 153
· 화장실이 더러워요. 153
· 화장실에 휴지가 없어요. 153

화장품 / 化妆品
· 화장품 보려고요. 184
· 화장품 코너는 어디예요? 184
· 크림 보여 주세요. 184
· 립스틱 보여 주세요. 184
· 파운데이션 보여 주세요. 185
· 마스카라 보여 주세요. 185
· 이것은 로션인가요? 185
· 저는 지성 피부입니다. 185
· 저는 복합성 피부입니다. 185
· 저는 건성 피부입니다. 185
· 제 피부는 굉장히 민감해요. 185
· 수분 크림을 사려고요. 185
· 기초 화장품을 사려고요. 185
· BB크림 주세요. 185

환승(귀국) / 换乘
· 환승 라운지는 어디예요? 192
· ○○○을 경유해서 인천으로
  가요. 193

환승(공항) / 转机
· 저 환승 승객인데요. 044

· 어디에서 환승하나요?   045
· ○○○을 경유해서 홍콩으로
  가요.   045
· 환승하는 곳은 멀어요?   045

환승(택시&버스) / 換乘
· 어디에서 환승해요?   089
· 몇 번으로 환승해요?   089

환승(전철&기차) / 換乘
· 어디에서 환승하나요?   101
· 여기로 가려면 환승해야 돼요? 101

환전 / 換钱
· 환전하는데는 어디예요?   59
· 환전하는 데로 데려다 주세요.   59
· 환전하려고 하는데요.   59
· 잔돈도 주세요.   59
· 위안화로 환전해 주세요.   59

횡단보도 / 人行横道
· 횡단보도는 어디예요?   074
· 횡단보도는 멀어요?   075
· 횡단보도는 어떻게 가요?   075
· 여기서는 건너야 돼요.   075

휴식 시간 / 休息时间
· 휴식 시간이 언제예요?   169
· 휴식 시간이 있어요?   169
· 휴식 시간이 몇 분이에요?   169

빨리찾아

01 **좌석**
座位
[zuòwèi 쭈어웨이]

02 **안전벨트**
安全带
[ānquándài 안취엔따이]

03 **음료**
饮料
[yǐnliào 인리아오]

04 **간식거리**
零食
[língshí 링스]

05 **식사**
用餐
[yòngcān 용찬]

06 **펜**
笔
[bǐ 비]

07 **물티슈**
湿巾
[shījīn 스진]

08 **등**
灯
[dēng 떵]

09 **헤드폰, 이어폰**
耳机
[ěrjī 얼찌]

10 **신문**
报纸
[bàozhǐ 빠오즈]

11 **담요**
毯子
[tǎnzi 탄즈]

12 **슬리퍼**
拖鞋
[tuōxié 투어시에]

13 **화장실**
洗手间
[xǐshǒujiān 시셔우찌엔]

14 **기내면세품**
机上免税品
[jīshàng miǎnshuìdiàn 찌쌍 미엔슈이띤]

15 **입국신고서**
入境登记卡
[rùjìng dēngjìkǎ 루찡 떵찌카]

16 **세관신고서**
海关申报单
[hǎiguān shēnbàodān 하이꽌 션빠오딴]

호텔 102p   식당 130p   관광 156p   쇼핑 170p   귀국 190p

기내에서

01 좌석

座位
[zuòwèi 쭈어웨이]

· 여기는 당신의 자리인가요?   쪄 스 니 더 쭈어웨이 마
这是你的座位吗？

· 제 자리인데요.   쪄 스 워 더 쭈어웨이
这是我的座位。

· 제 자리는 어디인가요?   워 더 쭈어웨이 짜이 날?
我的座位在哪儿？

· 제 자리 차지 마세요.   비에 티 워 더 쭈어웨이
别踢我的座位。

· 자리 옮겨도 되나요?   크어이 환 쭈어웨이 마?
可以换座位吗？

· 저 창가 쪽 자리로 주세요.   워 야오 카오 츄앙 더 쭈어웨이
我要靠窗的座位。

기내 28p   공항 40p   거리 64p   택시&버스 78p   전철&기차 90p

02 안전벨트

安全带
[ānquándài 안취엔따이]

· 안전벨트를 매 주세요.

칭 찌 하오 안취엔따이
请系好安全带。

· 제 안전벨트가 없어요.

워 메이요우 안취엔따이
我没有安全带。

· 제 안전벨트가 헐렁해요.

워 더 안취엔따이 타이 쏭 러
我的安全带太松了。

· 제 안전벨트가 타이트해요.

워 더 안취엔따이 타이 진 러
我的安全带太紧了。

03 음료

饮料
[yǐnliào 인리아오]

· 마실 것 좀 주세요.

게이 워 이디알 흐어 더
给我一点儿喝的。

호텔 102p 식당 130p 관광 156p 쇼핑 170p 귀국 190p

· 물 한 잔 주세요.　　　　　　게이 워 이뻬이 슈웨이
　　　　　　　　　　　　　　　给我一杯水。

· 오렌지 주스 한 잔 주세요.　　게이 워 이뻬이 청즈
　　　　　　　　　　　　　　　给我一杯橙汁。

· 콜라 한 잔 주세요.　　　　　　게이 워 이뻬이 크어르어
　　　　　　　　　　　　　　　给我一杯可乐。

· 사이다 한 잔 주세요.　　　　　게이 워 이뻬이 슈에뻬
　　　　　　　　　　　　　　　给我一杯雪碧。

· 녹차 한 잔 주세요.　　　　　　게이 워 이뻬이 뤼챠
　　　　　　　　　　　　　　　给我一杯绿茶。

· 커피 한 잔 주세요.　　　　　　게이 워 이뻬이 카페이
　　　　　　　　　　　　　　　给我一杯咖啡。

· 맥주 한 잔 주세요.　　　　　　게이 워 이뻬이 피지우
　　　　　　　　　　　　　　　给我一杯啤酒。

· 레드와인 한 잔 주세요.　　　　게이 워 이뻬이 홍챠
　　　　　　　　　　　　　　　给我一杯红茶。

· 밀크티 두 잔 주세요.　　　　　게이 워 량뻬이 나이챠
　　　　　　　　　　　　　　　给我两杯奶茶。

04 간식거리 零食
[língshí 링스]

· 어떤 간식거리가 있나요?　요우 나씨에 링스?
　　　　　　　　　　　　有哪些零食？

· 땅콩 좀 주세요.　　　　게이 워 이디알 화셩
　　　　　　　　　　　　给我一点儿花生。

· 쿠키 좀 주세요.　　　　게이 워 이디알 빙깐
　　　　　　　　　　　　给我一点儿饼干。

05 식사 用餐
[yòngcān 용찬]

· 식사가 언제인가요?　　션머 스허우 파 허판?
　　　　　　　　　　　　什么时候发盒饭？

· 어떤 걸로 드릴까요?　　니 야오 션머?
　　　　　　　　　　　　你要什么？

· 식사 나중에 할게요.　　워 씨앙 꾸어 이훨 츠
　　　　　　　　　　　　我想过一会儿吃。

· 지금 저 식사할게요.   워 야오 씨엔짜이 츠
我要现在吃。

06 펜

笔
[bǐ 비]

· 펜 좀 빌려주세요.   찌에 워 이씨아 비
借我一下笔。

· 이 펜 안 나와요.   쩌거 비 뿌 츄 쉐이
这个笔不出水。

· 다른 펜으로 주세요.   칭 게이 워 비에 더 비
请给我别的笔。

07 물티슈

湿巾
[shījīn 스진]

· 물티슈 좀 주세요.   칭 게이 워 스진
请给我湿巾。

· 물티슈 좀 더 주세요.　　　짜이 게이 워 이디알 스진
　　　　　　　　　　　　再给我一点儿湿巾。

08 등 💡

灯
[dēng 떵]

· 등 어떻게 켜요?　　　　떵 전머 카이?
　　　　　　　　　　灯怎么开?

· 등이 너무 밝아요.　　　떵 타이 량 러
　　　　　　　　　　灯太亮了。

· 등 좀 꺼 주세요.　　　칭 빵 워 꽌 떵
　　　　　　　　　请帮我关灯。

09 헤드폰, 🎧
　　이어폰

耳机
[ěrjī 얼찌]

· 헤드폰 가져다주세요.　　게이 워 나 이꺼 얼찌
　　　　　　　　　　　给我拿一个耳机。

호텔 102p　　식당 130p　　관광 156p　　쇼핑 170p　　귀국 190p

· 헤드폰이 고장 났어요.　　워 더 얼찌 화이 러
　　　　　　　　　　　　我的耳机坏了。

· (잭을 보여 주며)　　　챠 나리?
　어디에 꽂아요?　　　　插哪里?

· 새것으로 바꿔 주세요.　게이 워 환 이꺼 씬더
　　　　　　　　　　　　给我换一个新的。

10 신문 📰

报纸
[bàozhǐ 빠오즈]

· 신문 좀 갖다 주세요.　　게이 워 나 이쨩 빠오즈
　　　　　　　　　　　　给我拿一张报纸。

· 한국 신문 있어요?　　　요우 한꾸어 빠오즈 마?
　　　　　　　　　　　　有韩国报纸吗?

· 스포츠 신문 있어요?　　요우 티위 빠오즈 마?
　　　　　　　　　　　　有体育报纸吗?

· 신문은 없고, 잡지만　　메이요우 빠오즈, 즈요우 자즈
　있어요.　　　　　　　没有报纸，只有杂志。

11 담요

毯子
[tǎnzi 탄즈]

· 저 담요가 없어요.

워 메이요우 탄즈
我没有毯子。

· 담요 하나 가져다주세요.

게이 워 나 이꺼 탄즈
给我拿一个毯子。

· 저 담요 하나만 더 주세요.

짜이 게이 워 이꺼 탄즈 하오 마?
再给我一个毯子好吗？

12 슬리퍼

拖鞋
[tuōxié 투어시에]

· 슬리퍼 있어요?

요우 투어시에 마?
有拖鞋吗？

· 이 슬리퍼 불편해요.

쪄거 투어시에 뿌 슈푸
这个拖鞋不舒服。

· 슬리퍼 바꿔 주세요.

워 씨앙 환 투어시에
我想换拖鞋。

호텔 102p　　식당 130p　　관광 156p　　쇼핑 170p　　귀국 190p

13 화장실

洗手间
[xǐshǒujiān 시셔우찌엔]

· 화장실이 너무 더러워요.
시셔우찌엔 타이 짱 러
洗手间太脏了。

· 화장실 청소가 안 되었어요.
시셔우찌엔 메이요우 다사오 웨이셩
洗手间没有打扫卫生。

· 누가 화장실에 있나요?
시셔우찌엔 리 요우런 마?
洗手间里有人吗?

· 화장실 가려면 줄을 서야
하나요?
쌍 시셔우찌엔 야오 파이뚜이 마?
上洗手间要排队吗?

14 기내면세품

机上免税品
[jīshàng miǎnshuìpǐn
찌쌍 미엔슈이핀]

· 기내면세품 좀 보여 주세요.
게이 워 칸 이씨아 찌쌍 미엔슈이핀
给我看一下机上免税品。

기내 28p   공항 40p   거리 64p   택시&버스 78p   전철&기차 90p

· 신용카드 되나요?　　　넝 용 씬용카 마?
　　　　　　　　　　　　能用信用卡吗?

· 한국 원화 되나요?　　　크어이 용 한삐 마?
　　　　　　　　　　　　可以用韩币吗?

15 입국신고서 　入境登记卡
[rùjìng dēngjìkǎ 루찡 떵찌카]

· 입국신고서는 어떻게 작성　루찡 떵찌카 젼머 시에?
　하나요?　　　　　　　　　入境登记卡怎么写?

· 입국신고서 한 장 더 줘요.　짜이 게이 워 이쨩 루찡 떵찌카
　　　　　　　　　　　　　　再给我一张入境登记卡。

16 세관신고서 　海关申报单
[hǎiguān shēnbàodān
하이꽌 션빠오딴]

· 세관신고서는 어떻게 작성　하이꽌 션빠오딴 젼머 시에?
　하나요?　　　　　　　　　海关申报单怎么写?

호텔 102p　식당 130p　관광 156p　쇼핑 170p　귀국 190p

빨리찾아

01 게이트
登机口
[dēngjīkǒu 떵찌커우]

02 환승
转机
[zhuǎnjī 쭈안찌]

03 탑승
登机
[dēngjī 떵찌]

04 연착
误点
[wùdiǎn 우디엔]

05 비행기편, 항공편
航班
[hángbān 항빤]

06 대기
等待
[děngdài 덩따이]

07 대기 장소
候机室
[hòujīshì 허우찌스]

08 레스토랑
饭店
[fàndiàn 판띠엔]

기내 28p   공항 40p   거리 64p   택시&버스 78p   전철&기차 90p

09	면세점	免税店 [miǎnshuìdiàn 미엔슈이띠엔]
10	출입국 관리소	出入境管理处 [chūrùjìng guǎnlǐchù 츄루찡 관리츄]
11	외국인	外国人 [wàiguórén 와이꾸어런]
12	통역사	翻译 [fānyì 판이]
13	지문	指纹 [zhǐwén 즈원]
14	왕복 티켓	往返票 [wǎngfǎnpiào 왕판피아오]
15	~하러 왔어요	我来的原因是 [wǒ lái de yuányīn shì 워 라이 더 위엔인 스]
16	여기 묵을 거예요	我要住这儿 [wǒ yào zhù zhèr 워 야오 쭈 쩔]

호텔 102p   식당 130p   관광 156p   쇼핑 170p   귀국 190p

41

17	○일 동안 머무르다	我要呆○天 [wǒ yào dāi ○tiān 워 야오 따이 ○티엔]
18	수하물 찾는 곳	行李领取处 [xíngli lǐngqǔchù 싱리 링취츄]
19	카트	手推车 [shǒutuīchē 셔우투이츠어]
20	제 거예요	这是我的 [zhè shì wǒ de 쪄 스 워 더]
21	분실(신고)	挂失 [guàshī 꽈스]
22	(세관) 신고	申报 [shēnbào 션빠오]
23	한국 요리	韩国料理 [hánguó liàolǐ 한꾸어 리아오리]
24	출구	出口 [chūkǒu 츄커우]

기내 28p   공항 40p   거리 64p   택시&버스 78p   전철&기차 90p

25 **여행 안내소**
旅行服务站
[lǚxíng fúwùzhàn 뤼싱 푸우짠]

26 **환전**
换钱
[huànqián 환치엔]

27 **택시**
出租车
[chūzūchē 츄쭈츠어]

28 **셔틀버스**
机场巴士
[jīchǎng bāshì 찌창 빠스]

29 **제일 가까운**
最近的
[zuìjìn de 쭈이 찐 더]

30 **화장실**
洗手间
[xǐshǒujiān 시셔우찌엔]

31 **약국**
药店
[yàodiàn 야오띠엔]

32 **현금 지급기**
取款机
[qǔkuǎnjī 취콴찌]

공항에서

01 게이트

登机口
[dēngjīkǒu 떵찌커우]

· 저 게이트를 못 찾겠어요.

워 쟈오부따오 떵찌커우
我找不到登机口。

· ○번 게이트는 어디에
있어요?

○하오 떵찌커우 짜이 날?
○号登机口在哪儿?

> **TIP** 자신의 탑승 게이트를 말할때에는 [떵지커우 登机口] 앞에 숫자만 붙이면 돼요.
> 숫자를 말하기 어려우면 탑승권을 직원에게 보여 주며, [짜이날? 在哪儿?]이라
> 고 하면 돼요.

02 환승

转机
[zhuǎnjī 쭈안찌]

· 저 환승 승객인데요.

워 스 꾸어찡 뤼커어
我是过境旅客。

기내 28p   공항 40p   거리 64p   택시&버스 78p   전철&기차 90p

· 어디에서 환승하나요?　　짜이 날 쭈안찌?
　　　　　　　　　　　　在哪儿转机?

· ○○○을 경유해서　　　찡꾸어 ○○○취 씨앙강
　홍콩으로 가요.　　　　经过○○○去香港。

· 환승하는 곳은 멀어요?　쭈안찌 더 띠팡 위엔 마?
　　　　　　　　　　　　转机的地方远吗?

03 탑승 🧍‍♂️

登机
[dēngjī 떵찌]

· 탑승 언제 해요?　　　션머 스허우 떵찌?
　　　　　　　　　　　什么时候登机?

· 얼마나 기다려요?　　야오 덩 뚜어지우?
　　　　　　　　　　要等多久?

호텔 102p　　식당 130p　　관광 156p　　쇼핑 170p　　귀국 190p

04 연착 🕐

误点
[wùdiǎn 우디엔]

· 제 비행기 연착됐어요?

워 더 페이찌 우디엔 러 마?
我的飞机误点了吗？

· 왜 연착됐어요?

웨이션머 우디엔 러?
为什么误点了？

· 언제까지 기다려요?

덩 따오 션머 스허우?
等到什么时候？

05 비행기편, 항공편

航班
[hángbān 항빤]

· 다음 비행기는 몇 시인가요?

씨아 이탕 항빤 스 지 디엔?
下一趟航班是几点？

· 다음 항공편은 얼마예요?

씨아 이탕 항빤 스 뚜어샤오 치엔?
下一趟航班是多少钱？

· 다음 항공편은 어떤 항공사 예요?

씨아 이탕 항빤 스 션머 항콩 꽁스?
下一趟航班是什么航空公司？

기내 28p   공항 40p   거리 64p   택시&버스 78p   전철&기차 90p

06 대기 🧍🧍🧍

等待
[děngdài 덩따이]

· 얼마나 대기해요?

야오 덩 뚜어지우?
要等多久？

· 어디서 대기해요?

짜이 날 덩?
在哪儿等？

· 나갈 수 있나요?

넝 츄취 마?
能出去吗？

07 대기 장소 🗺️

候机室
[hòujīshì 허우찌스]

· 대기 장소는 어디예요?

허우찌스 짜이 날?
候机室在哪儿？

· 대기 장소에서 기다리세요.

칭 짜이 허우찌스 덩허우
请在候机室等候。

호텔 102p   식당 130p   관광 156p   쇼핑 170p   귀국 190p

08 레스토랑

饭店
[fàndiàn 판띠엔]

· 레스토랑은 어디예요?

판띠엔 짜이 날?
饭店在哪儿?

· 한국 레스토랑 있어요?

한꾸어 판띠엔 짜이 날?
韩国饭店在哪儿?

· 오래 걸려요?

야오 헌 지우 마?
要很久吗?

09 면세점

免税店
[miǎnshuìdiàn 미엔슈이띠엔]

· 면세점은 어디예요?

미엔슈이띠엔 짜이 날?
免税店在哪儿?

· 면세점은 멀어요?

미엔슈이띠엔 위엔 마?
免税店远吗?

· 화장품은 몇 층에 있어요?

화쭈앙핀 짜이 지 로우?
化妆品在几楼?

기내 28p   공항 40p   거리 64p   택시&버스 78p   전철&기차 90p

· 선물 포장해 주세요.　　　칭 바 리우 빠오쭈앙 이씨아
　　　　　　　　　　　　　请把礼物包装一下。

10 출입국 관리소 　出入境管理处
　　　　　　　　　　　　[chūrùjìng guǎnlǐchù 츄루찡 관리츄]

· 출입국 관리소는 어디로　　츄루찡 관리츄 전머 져우?
　가요?　　　　　　　　　　出入境管理处怎么走?

· 저를 출입국 관리소로　　　칭 바 워 따이 따오 츄루찡 관리츄
　데려다 주세요.　　　　　　请把我待到出入境管理处。

11 외국인 　　　外国人
　　　　　　　　　　　　[wàiguórén 와이꾸어런]

· 외국인은 여기에서 줄　　　와이꾸어런 짜이 쩔 파이뚜이 마?
　서나요?　　　　　　　　　外国人在这儿排队吗?

· 저는 한국 사람입니다.　　　워 스 한꾸어 런
　　　　　　　　　　　　　我是韩国人。

12 통역사

翻译
[fānyì 판이]

· 한국인 통역사 불러 주세요.
칭 빵 워 찌아오 한꾸어 판이
请帮我叫韩国翻译。

· 못 알아 듣겠어요.
워 팅뿌동
我听不懂。

· 천천히 말씀해 주세요.
칭 슈어 더 만 이디알
请说得慢一点儿。

· 다시 한번 말씀해 주세요.
칭 짜이 슈어 이삐엔
请再说一遍。

13 지문

指纹
[zhǐwén 즈원]

· 지문 여기에 갖다 대세요.
바 즈원 팡 쩔
把指纹放这儿。

> **TIP** '손'은 [셔우 手]라고 해요.

기내 28p   공항 40p   거리 64p   택시&버스 78p   전철&기차 90p

· 오른손이요?　　　　　　요우셔우 마?
　　　　　　　　　　　　右手吗?

· 왼손이요?　　　　　　　주어셔우 마?
　　　　　　　　　　　　左手吗?

14 왕복 티켓　往返票
[wǎngfǎnpiào 왕판피아오]

· 왕복 티켓 보여 주세요.　칭 츄스 왕판피아오
　　　　　　　　　　　　请出示往返票。

> **TIP** '비행기'표는[페이지피아오 飞机票]라고 해요.

· 왕복 티켓 있으세요?　　니 요우 왕판피아오 마?
　　　　　　　　　　　　你有往返票吗?

· 네, 여기 제 왕복 티켓이요.　요우, 쩌 스 워 더 왕판피아오
　　　　　　　　　　　　　有，这是我的往返票。

· 왕복 티켓을 샀어요.　　마이 러 왕판피아오
　　　　　　　　　　　　买了往返票。

15 ~하러 왔어요 🐾 ? 我来的原因是
[wǒ lái de yuányīn shì
워 라이 더 위엔인 스]

· 휴가 보내러 왔어요.
워 스 라이 뚜찌아 더
我是来度假的。

· 출장 때문에 왔어요.
워 스 라이 츄챠이 더
我是来出差的。

· 여행하러 왔어요.
워 스 라이 뤼요우 더
我是来旅游的。

16 여기 묵을 거예요 💤 我要住这儿
[wǒ yào zhù zhèr 워 야오 쭈 쩔]

· 호텔에 묵을 거예요.
워 야오 쭈 지우띠엔
我要住酒店。

TIP '호텔'은 [지우띠엔 酒店]이나 [판띠엔 饭店] 모두 사용 가능해요. '비교적 저렴한 호텔'은 [삔관 宾馆]이라고 해요.

기내 28p   공항 40p   거리 64p   택시&버스 78p   전철&기차 90p

· 게스트 하우스에 묵을 거예요.

워 야오 쭈 칭니엔 뤼띠엔
我要住青年旅店。

· 친척 집에 묵을 거예요.

워 야오 쭈 친치 찌아
我要住亲戚家。

17 ○일 동안 머무르다

我要呆○天
[wǒ yào dāi ○tiān
워 야오 따이 ○티엔]

· 3일 동안 머무를 거예요.

워 야오 따이 싼티엔
我要呆三天。

· 1주일 동안 머무를 거예요.

워 야오 따이 이꺼 씽치
我要呆一个星期。

· 2주일 동안 머무를 거예요.

워 야오 따이 량꺼 씽치
我要呆两个星期。

· 한 달 동안 머무를 거예요.

워 야오 따이 이꺼 위에
我要呆一个月。

· 방학 동안 여기에 머무를 거예요.

워 찌아치 야오 쩌리 따이 져
我假期要这里呆着。

18 수하물 찾는 곳

行李领取处
[xíngli lǐngqǔchù 싱리 링취츄]

· 수하물은 어디서 찾아요?

짜이 날 취 싱리?
在哪儿取行李？

· 수하물 찾는 곳은 어디예요?

싱리 링취츄 짜이 날?
行李领取处在哪儿？

· 수하물 찾는 곳으로 데려가 주세요.

칭 바 워 따이 따오 싱리 링취츄
请把我带到行李领取处。

19 카트

手推车
[shǒutuīchē 셔우투이츠어]

· 카트는 어디에 있어요?

셔우투이츠어 짜이 날?
手推车在哪儿？

· 카트는 공짜예요?

셔우투이츠어 스 미엔페이 마?
手推车是免费吗？

· 카트가 고장 났나봐요.

셔우투이츠어 하오씨앙 화이 러
手推车好像坏了。

기내 28p   공항 40p   거리 64p   택시&버스 78p   전철&기차 90p

· 카트가 없는데요.　　　　메이요우 셔우투이츠어
　　　　　　　　　　　　　没有手推车。

20 제 거예요 🧳

这是我的
[zhè shì wǒ de 쩌 스 워 더]

· 이 가방 제 거예요.　　　쩌거 빠오 스 워 더
　　　　　　　　　　　　　这个包是我的。

· 이 카트 제 거예요.　　　쩌거 셔우투이츠어 스 워 더
　　　　　　　　　　　　　这个手推车是我的。

21 분실(신고) 🏷️

挂失
[guàshī 꽈스]

· 제 짐이 없어졌어요.　　　워 더 싱리 부 찌엔 러
　　　　　　　　　　　　　我的行李不见了。

· 제 짐을 못 찾겠어요.　　　워 쟈오부따오 싱리
　　　　　　　　　　　　　我找不到行李。

· 어디 가서 분실 신고를
  하죠?

야오 따오 날 취 꽈스?
要到哪儿去挂失？

22 (세관) 신고

申报
[shēnbào 션빠오]

· (세관) 신고할 물건 없어요.

워 메이요우 야오 션빠오 더 똥시
我没有要申报的东西。

· (세관) 신고할 물건 있어요.

워 요우 똥시 야오 션빠오
我有东西要申报。

· (세관) 신고하려면 어디로
  가죠?

야오 따오 날 취 션빠오?
要到哪儿去申报？

23 한국 요리

韩国料理
[hánguó liàolǐ 한꾸어 리아오리]

· 이거 한국 음식이에요.

쩌 스 한꾸어 리아오리
这是韩国料理。

기내 28p   공항 40p   거리 64p   택시&버스 78p   전철&기차 90p

· 김이에요.　　　　　　　　　쩌 스 즈챠이
　　　　　　　　　　　　　这是紫菜。

· 고추장이에요.　　　　　　　쩌 스 라찌아오찌앙
　　　　　　　　　　　　　这是辣椒酱。

· 김치예요.　　　　　　　　　쩌 스 씬치
　　　　　　　　　　　　　这是新奇。

· 이상한 거 아니에요.　　　　쩌 부스 치꽈이 더 똥시
　　　　　　　　　　　　　这不是奇怪的东西。

공항

24 출구 🏃

出口
[chūkǒu 츄커우]

· 출구는 어디예요?　　　　　츄커우 짜이 날?
　　　　　　　　　　　　　出口在哪儿?

· 출구는 어느 쪽이에요?　　　츄커우 짜이 나꺼 팡씨앙?
　　　　　　　　　　　　　出口在哪个方向?

· 출구를 못 찾겠어요.　　　　쟈오부따오 츄커우
　　　　　　　　　　　　　找不到出口。

호텔 102p　　　식당 130p　　　관광 156p　　　쇼핑 170p　　　귀국 190p

· 출구로 데려다 주세요.　　칭 바 워 따이 따오 츄커우
　　　　　　　　　　　　　　　请把我带到出口。

25 여행 안내소 旅行服务站
[lǚxíng fúwùzhàn 뤼싱 푸우쨘]

· 여행 안내소는 어디예요?　　뤼싱 푸우쨘 짜이 날?
　　　　　　　　　　　　　　　旅行服务站在哪儿?

· 여행 안내소로 데려다　　　칭 바 워 따이 따오 뤼싱 푸우쨘
  주세요.　　　　　　　　　　请把我带到旅行服务站。

· 지도 좀 주세요.　　　　　　칭 게이 워 이쨩 띠투
　　　　　　　　　　　　　　　请给我一张地图。

· 한국어 지도 있어요?　　　　요우 한위반 띠투 마?
　　　　　　　　　　　　　　　有韩语版地图吗?

· 여행 책자 있어요?　　　　　요우 뤼요우 셔우츠어 마?
　　　　　　　　　　　　　　　有旅游手册吗?

기내 28p　　　공항 40p　　　거리 64p　　　택시&버스 78p　　　전철&기차 90p

26 환전

换钱
[huànqián 환치엔]

· 환전하는데는 어디예요?   짜이 날 크어이 환치엔?
在哪儿可以换钱?

· 환전하는 데로 데려다   칭 바 워 따이 따오 후어삐 뚜이환츄
주세요.   请把我带到货币兑换处。

· 환전하려고 하는데요.   워 씨앙 환치엔
我想换钱。

· 잔돈도 주세요.   링치엔 예 야오
零钱也要。

· 위안화로 환전해 주세요.   칭 뚜이환 청 런민삐
请兑换成人民币。

27 택시

出租车
[chūzūchē 츄쭈츠어]

· 택시 어디서 탈 수 있어요?   짜이 날 크어이 쭈어 츄쭈츠어?
在哪儿可以坐出租车?

호텔 102p   식당 130p   관광 156p   쇼핑 170p   귀국 190p

· 택시 타는 데 데려다
  주세요.

칭 바 워 따이 따오 쭈어 츄쭈츠어
더 띠팡

请把我带到坐出租车的地方。

· 택시 타면 비싼가요?

쭈어 츄쭈츠어 꾸이 마?

坐出租车贵吗?

· 택시 타고 시내 가려고요.

워 야오 쭈어 츄쭈츠어 취 스쭝씬

我要坐出租车去市中心。

· 택시 대신 뭐 탈 수 있어요?

츄러 츄쭈츠어 하이 크어이 쭈어
션머?

除了出租车还可以坐什么?

· 택시 기본요금이 얼마예요?

츄쭈츠어 치뿌찌아 스 뚜어샤오?

出租车起步价是多少?

28 셔틀버스

机场巴士
[jīchǎng bāshì 찌창 빠스]

· 셔틀버스는 어디서 타요?

짜이 날 쭈어 찌창 빠스?

在哪儿坐机场巴士?

· 셔틀버스는 몇 시에
  출발해요?

찌창 빠스 지 디엔 츄파?
机场巴士几点出发?

· 이 셔틀버스는 시내에
  가요?

쪄거 찌창 빠스 취 스쫑씬 마?
这个机场巴士去市中心吗?

· 셔틀버스는 얼마예요?

찌창 빠스 뚜어샤오 치엔?
机场巴士多少钱?

29 제일 가까운 ↔ 最近的
[zuijìn de 쭈이 찐 더]

· 제일 가까운 호텔이 어디죠?

쭈이 찐 더 지우띠엔 짜이 날?
最近的酒店在哪儿?

· 제일 가까운 레스토랑이
  어디죠?

쭈이 찐 더 판관 짜이 날?
最近的饭馆在哪儿?

· 제일 가까운 카페가 어디죠?

쭈이 찐 더 카페이팅 짜이 날?
最近的咖啡厅在哪儿?

· 제일 가까운 전철역이
  어디죠?

쭈이 찐 더 띠티에쨘 짜이 날?
最近的地铁站在哪儿?

호텔 102p   식당 130p   관광 156p   쇼핑 170p   귀국 190p

30 화장실 ♦|♨

洗手间
[xǐshǒujiān 시셔우찌엔]

· 화장실은 어디 있어요?
시셔우찌엔 짜이 날?
洗手间在哪儿?

· 화장실은 밖에 있나요?
시셔우찌엔 짜이 와이미엔 마?
洗手间在外面吗?

· 화장실은 라운지 안에 없어요?
시셔우찌엔 부짜이 리미엔 마?
洗手间不在里面吗?

· 화장실에 휴지 있어요?
시셔우찌엔 요우 웨이셩즈 마?
洗手间有卫生纸吗?

31 약국 ✚

药店
[yàodiàn 야오띠엔]

· 약국은 어디에 있어요?
야오띠엔 짜이 날?
药店在哪儿?

· 두통약 있나요?
요우 터우통 야오 마?
有头痛药吗?

기내 28p   공항 40p   거리 64p   택시&버스 78p   전철&기차 90p

· 감기약 있나요?

요우 간마오 야오 마?

有感冒药吗?

· 설사약 있나요?

요우 즈씨에 야오 마?

有止泻药吗?

32 현금 지급기 取款机
[qǔkuǎnjī 취콴찌]

· 현금 지급기는 어디에
있어요?

취콴찌 짜이 날?

取款机在哪儿?

· 100위안을 인출하려고요.

워 야오 취 이빠이 콰이

我要取一百块。

· 원하는 서비스를 선택
하세요.

칭 쉬엔져 푸우

请选择服务。

· 비밀번호를 입력하세요.

칭 슈루 닌 더 미마

请输入您的密码。

호텔 102p 식당 130p 관광 156p 쇼핑 170p 귀국 190p

빨리찾아

01 어디 있어요
在哪儿
[zài nǎr 짜이 날]

02 어떻게 가요
怎么去
[zěnme qù 젼머 취]

03 길
路
[lù 루]

04 찾다
找
[zhǎo 쟈오]

05 주소
地址
[dìzhǐ 띠즈]

06 지도
地图
[dìtú 띠투]

07 왼쪽
左边
[zuǒbian 주어삐엔]

08 오른쪽
右边
[yòubian 요우삐엔]

기내 28p   공항 40p   거리 64p   택시&버스 78p   전철&기차 90p

09	거리	街 [jiē 찌에]
10	모퉁이	弯儿 [wānr 왈]
11	골목	胡同 [hútòng 후퉁]
12	횡단보도	人行横道 [rénxínghéngdào 런싱헝따오]
13	걷다	走 [zǒu 져우]
14	얼마나 걸려요	多长时间 [duōcháng shíjiān 뚜어챵 스찌엔]
15	고맙다	谢谢 [xièxie 씨에씨에]
16	길을 잃다	迷路 [mílù 미루]

호텔 102p   식당 130p   관광 156p   쇼핑 170p   귀국 190p

거리에서

01 어디 있어요 ? 在哪儿
[zài nǎr 짜이 날]

· 이 장소는 어디에 있어요?   쪄거 띠팡 짜이 날?

이 장소는 어디에 있어요? 这个地方在哪儿?

· 이 레스토랑은 어디에   쪄거 판관 짜이 날?
있어요?   这个饭馆在哪儿?

· 이 백화점은 어디에 있어요?   쪄거 상챵 짜이 날?

这个商场在哪儿?

· 박물관은 어디에 있어요?   보우관 짜이 날?

博物馆在哪儿?

· 미술관은 어디에 있어요?   메이슈관 짜이 날?

美术馆在哪儿?

· 버스 정류장은 어디에   꽁꽁치츠어 쨘 짜이 날?
있어요?   公共汽车站在哪儿?

기내 28p   공항 40p   거리 64p   택시&버스 78p   전철&기차 90p

· 지하철역은 어디에
있어요?

띠티에짠 짜이 날?
地铁站在哪儿?

02 어떻게 가요 怎么去
[zěnme qù 전머 취]

· 여기는 어떻게 가요?

쩌리 전머 취?
这里怎么去?

· 저기는 어떻게 가요?

나리 전머 취?
那里怎么去?

TIP '여기, 이곳'은 [쩌리 这里] / [쩔 这儿], '거기, 그곳'은 [나리 那里] / [날 那儿]
두 가지로 표현 가능해요.

· 이 주소로 어떻게 가요?

전머 취 쩌거 띠즈?
怎么去这个地址?

호텔 102p   식당 130p   관광 156p   쇼핑 170p   귀국 190p

· 이 건물은 어떻게 가요?　　쩌거 로우 젼머 취?
　　　　　　　　　　　　　　这个楼怎么去?

· 이 레스토랑은 어떻게
　가요?　　　　　　　　　쩌거 판관 젼머 취?
　　　　　　　　　　　　　　这个饭馆怎么去?

· 이 박물관은 어떻게 가요?　쩌거 보우관 젼머 취?
　　　　　　　　　　　　　　这个博物馆怎么去?

· 버스 정류장은 어떻게
　가요?　　　　　　　　　꽁꽁치츠어 쨘 젼머 취?
　　　　　　　　　　　　　　公共汽车站怎么去?

· 지하철역은 어떻게 가요?　띠티에쨘 젼머 취?
　　　　　　　　　　　　　　地铁站怎么去?

03 길 🛣

路
[lù 루]

· 이 길이 맞아요?　　　　　쩌 티아오 루 뚜이 마?
　　　　　　　　　　　　　　这条路对吗?

· 길 좀 알려 줄 수 있어요?　니 넝 까오수 워 젼머 져우 마?
　　　　　　　　　　　　　　你能告诉我怎么走吗?

· 이 방향이 맞아요?

스 쪄거 팡씨앙 마?

是这个方向吗?

· 이 길이 아닌 것 같아요.

하오씨앙 부스 쪄 티아오 루

好像不是这条路。

04 찾다 🔍✦

找

[zhǎo 쟈오]

· 저 여기를 찾아요.

워 쟈오 쩔

我找这儿。

· 이 주소를 찾아요.

워 쟈오 쩌거 띠즈

我找这个地址。

· 레스토랑을 찾아요.

워 쟈오 판띠엔

我找饭店。

· 버스 정류장을 찾아요.

워 쟈오 꽁꽁치츠어 짠

我找公共汽车站。

· 택시 정류장을 찾아요.

워 쟈오 츄쭈츠어 짠

我找出租车站。

· 지하철역을 찾아요.　　　워 쟈오 띠티에짠
　　　　　　　　　　　　我找地铁站。

· 쇼핑몰을 찾아요.　　　　워 쟈오 상챵
　　　　　　　　　　　　我找商场。

05 주소　　　　　　　地址
　　　　　　　　　　　　[dìzhǐ 띠즈]

· 이 주소는 어디예요?　　쩌거 띠즈 짜이 날?
　　　　　　　　　　　　这个地址在哪儿?

· 이 주소는 어떻게 가요?　젼머 취 쩌거 띠즈?
　　　　　　　　　　　　怎么去这个地址?

· 이 주소 아세요?　　　　니 즈따오 쩌거 띠즈 마?
　　　　　　　　　　　　你知道这个地址吗?

· 이 주소로 데려다 주세요.　칭 바 워 따이 따오 쩌거 띠즈
　　　　　　　　　　　　请把我带到这个地址。

06 지도

地图
[dìtú 띠투]

· 이 지도가 맞아요?

쩌거 띠투 뚜이 마?
这个地图对吗?

· 지도상의 여기가 어디예요?

띠투 상 더 쩔 스 날?
地图上的这儿是哪儿?

· 약도 좀 그려 주세요.

칭 게이 워 화 꺼 지엔투
请给我画个简图。

거리

07 왼쪽 🤚

左边
[zuǒbiān 주어삐엔]

· 왼쪽으로 가요.

왕 주어 져우
往左走。

· 왼쪽 모퉁이를 돌아요.

왕 주어 과이 꺼 왈
往左拐个弯儿。

· 왼쪽으로 계속 가요.

이즈 왕 주어 져우
一直往左走。

· 왼쪽 건물이에요.　　　　　스 주어삐엔 나거 로우
　　　　　　　　　　　　　是左边那个楼。

08 오른쪽 ↗

右边
[yòubian 요우삐엔]

· 오른쪽으로 가요.　　　　　왕 요우 져우
　　　　　　　　　　　　　往右走。

· 오른쪽 모퉁이를 돌아요.　　왕 요우 과이 꺼 왈
　　　　　　　　　　　　　往右拐个弯儿。

· 오른쪽 건물이에요.　　　　스 요우삐엔 나거 로우
　　　　　　　　　　　　　是右边那个楼。

09 거리

街
[jiē 찌에]

· 이 거리가 어디예요?　　　쩌 티아오 찌에 짜이 날?
　　　　　　　　　　　　　这条街在哪儿?

기내 28p　　공항 40p　　거리 64p　　택시&버스 78p　　전철&기차 90p

· 이 거리로 데려다 주세요.　칭 바 워 따이 따오 쪄 티아오 찌에
　　　　　　　　　　　　　请把我带到这条街。

· 이 거리를 따라 쭉 가세요.　옌져 쪄 티아오 찌에 왕 치엔 쩌우
　　　　　　　　　　　　　沿着这条街往前走。

· 이 다음 거리에 있어요.　　짜이 씨아 이 티아오 찌에
　　　　　　　　　　　　　在下一条街。

거리

10 모퉁이

弯儿
[wānr 왈]

· 이 모퉁이를 돌면 있어요.　과이 꾸어 쪄거 왈 찌우 스
　　　　　　　　　　　　　拐过这个弯儿就是。

· 여기 돌면 이 건물이
　있어요?

짜이 쩔 과이 꾸어취, 찌우 스 쪄
쭈어 로우 마?
在这儿拐过去，就是这座楼吗?

· 여기가 아니라 다음 모퉁이
　예요.

부스 쩔, 스 씨아 이꺼 왈
不是这儿，是下一个弯儿。

11 골목 🛵

胡同
[hútòng 후퉁]

· 이 골목으로 들어가요? — 총 쩌거 후퉁 찐취 마?
从这个胡同进去吗?

· 이 골목으로 들어가요. — 총 쩌거 후퉁 찐취
从这个胡同进去

· 이 골목은 아니에요. — 부스 쩌거 후퉁
不是这个胡同。

· 다음 골목이에요. — 스 씨아 이꺼 후퉁
是下一个胡同。

· 이 골목은 위험해요. — 쩌거 후퉁 요우디알 웨이시엔
这个胡同有点儿危险。

12 횡단보도 🚥

人行横道
[rénxínghéngdào 런싱헝따오]

· 횡단보도는 어디예요? — 런싱헝따오 짜이 날?
人行横道在哪儿?

기내 28p   공항 40p   거리 64p   택시&버스 78p   전철&기차 90p

· 횡단보도는 멀어요? 　　　런싱헝따오 리 쩔 위엔 마?
　　　　　　　　　　　　　人行横道离这儿远吗?

· 횡단보도는 어떻게 가요? 　런싱헝따오 전머 취?
　　　　　　　　　　　　　人行横道怎么去?

· 여기서 건너야 돼요. 　　　야오 총 쩌리 꾸어 마루
　　　　　　　　　　　　　要从这里过马路。

거리

13 걷다 🖐 　　　走
　　　　　　　　　　　[zǒu 저우]

· 여기서 걸어 갈 수 있어요? 　총 쩔 크어이 저우 꾸어취 마?
　　　　　　　　　　　　　　从这儿可以走过去吗?

· 얼마나 걸어요? 　　　　　야오 뚜어창 스찌엔?
　　　　　　　　　　　　　要多长时间?

· 걷기 싫은데 뭐 타면 돼요? 워 뿌 씨앙 저우, 크어이 쭈어 션머
　　　　　　　　　　　　　취?
　　　　　　　　　　　　　我不想走，可以坐什么去?

호텔 102p　　식당 130p　　관광 156p　　쇼핑 170p　　귀국 190p

14 얼마나 걸려요? ⊙? 多长时间
[duōcháng shíjiān 뚜어창 스찌엔]

· 여기서 얼마나 걸려요?

총 쩔 꾸어취 야오 뚜어창 스찌엔?
从这儿过去要多长时间?

· 걸어서 얼마나 걸려요?

져우 꾸어취 야오 뚜어창 스찌엔?
走过去要多长时间?

· 버스로 얼마나 걸려요?

쭈어 꿍꿍치츠어 야오 뚜어챵
스 찌엔?
坐公共汽车要多长时间?

· 공항버스로 얼마나 걸려요?

쭈어 찌챵 따빠 야오 뚜어챵
스찌엔?
坐机场大巴要多长时间?

· 지하철로 얼마나 걸려요?

쭈어 띠티에 야오 뚜어챵 스찌엔?
坐地铁要多长时间?

· 택시로 얼마나 걸려요?

쭈어 츄쭈츠어 야오 뚜어챵
스찌엔?
坐出租车要多长时间?

기내 28p   공항 40p   거리 64p   택시&버스 78p   전철&기차 90p

15 고맙다 🙂

谢谢
[xièxie 씨에씨에]

· 고마워요.
씨에씨에
谢谢。

· 도와줘서 고마워요.
씨에씨에 니 빵쭈 워
谢谢你帮助我。

· 당신 덕분이에요.
뚜어쿠이 니 러
多亏你了。

거리

16 길을 잃다 〰️

迷路
[mílù 미루]

· 저 길을 잃었어요.
워 미루 러
我迷路了。

· 우리 길을 잃은 것 같아요.
워먼 하오씨앙 미루 러
我们好像迷路了。

빨리찾아

01 **택시 정류장**   出租车站
[chūzūchē zhàn 츄쭈츠어 짠]

02 **기본요금**   起步价
[qǐbùjià 치뿌찌아]

03 **어디로 가 주세요**   请到……
[qǐng dào…… 칭 따오……]

04 **주소**   地址
[dìzhǐ 띠즈]

05 **요금**   费
[fèi 페이]

06 **트렁크**   后备箱
[hòubèixiāng 허우뻬이씨앙]

07 **빨리**   快
[kuài 콰이]

08 **세워 주세요**   停车
[tíngchē 팅츠어]

기내 28p   공항 40p   거리 64p   택시&버스 78p   전철&기차 90p

09	잔돈	零钱 [língqián 링치엔]	
10	영수증	发票 [fāpiào 파피아오]	
11	버스 정류장	公共汽车站（公交车站） [gōnggòngqìchē zhàn 꽁꽁치츠어 짠]	택시 & 버스
12	버스 요금	车票 [chēpiào 츠어퍄오]	
13	버스	公共汽车（公交车） [gōnggòngqìchē 꽁꽁치츠어]	
14	맞은편	对面 [duìmian 뚜이미엔]	
15	환승	换乘 [huànchéng 환청]	
16	내리다	下车 [xiàchē 씨아츠어]	

호텔 102p   식당 130p   관광 156p   쇼핑 170p   귀국 190p

택시 8버스에서

01 택시 정류장 出租车站
[chūzūchē zhàn 츄쭈츠어 쨘]

· 택시 정류장은 어디예요? 츄쭈츠어 쨘 짜이 날?
出租车站在哪儿?

· 택시 정류장이 가까워요? 츄쭈츠어 쨘 리 쩔 찐 마?
出租车站离这儿近吗?

· 택시는 어디서 탈 수 짜이 날 크어이 쭈어 츄쭈츠어?
있어요? 在哪儿可以坐出租车?

· 택시 정류장은 걸어갈 수 츄쭈츠어 쨘 크어이 져우 꾸어취
있어요? 마?
出租车站可以走过去吗?

· 택시 정류장이 안 보여요. 칸부따오 츄쭈츠어 쨘
看不到出租车站。

기내 28p   공항 40p   거리 64p   택시&버스 78p   전철&기차 90p

80

02 기본요금

起步价
[qǐbùjià 치뿌찌아]

· 기본요금이 얼마예요?

치뿌찌아 스 뚜어샤오?
起步价是多少?

· 기본요금이 비싸요.

치뿌찌아 타이 꾸이 러
起步价太贵了。

택시
&
버스

03 어디로 가 주세요

请到……
[qǐng dào…… 칭 따오……]

· 여기로 가 주세요.

칭 따오 쩔
请到这儿。

· 이 주소로 가 주세요.

칭 따오 쩌거 띠즈
请到这个地址。

호텔 102p   식당 130p   관광 156p   쇼핑 170p   귀국 190p

· 이 호텔로 가 주세요.　　　　**칭 따오 쩌거 지우띠엔**
　　　　　　　　　　　　　　请到这个酒店。

· 이 박물관으로 가 주세요.　　**칭 따오 쩌거 보우관**
　　　　　　　　　　　　　　请到这个博物馆。

· 이 미술관으로 가 주세요.　　**칭 따오 쩌거 메이슈관**
　　　　　　　　　　　　　　请到这个美术馆。

· 공항으로 가 주세요.　　　　　**칭 따오 찌챵**
　　　　　　　　　　　　　　请到机场。

04 주소　　　　　　　　地址
　　　　　　　　　　　　　[dìzhǐ 띠즈]
_____

· 이 주소로 가 주세요.　　　　**칭 따오 쩌거 띠즈**
　　　　　　　　　　　　　　请到这个地址。

· 이 주소 어딘지 아세요?　　　**니 쯔따오 쩌거 띠즈 마?**
　　　　　　　　　　　　　　你知道这个地址吗?

· 이 주소가 이상해요.　　　　　**쩌거 띠즈 요우디엔 치꽈이**
　　　　　　　　　　　　　　这个地址有点奇怪。

기내 28p　　　공항 40p　　　거리 64p　　　택시&버스 78p　　　전철&기차 90p

· 이 주소에서 가까운 데로 가 주세요.

칭 바 워 쏭 따오 리 쩔 쭈이 찐 더 띠팡

请把我送到离这儿最近的地方。

05 요금

费
[fèi 페이]

· 요금이 얼마예요?

페이용 스 뚜어샤오?
费用是多少?

· 요금 얼마 드려야 되죠?

야오 게이 니 뚜어샤오 치엔?
要给你多少钱?

· 요금이 비싸요.

츠어페이 타이 꾸이 러
车费太贵了。

· 현금으로 할게요.

워 야오 씨엔찐
我要现金。

· 택시 요금 할증이 붙나요?

츄쭈츠어 페이 요우 푸찌아페이 마?
出租车费有附加费吗?

06 트렁크

后备箱
[hòubèixiāng 허우뻬이씨앙]

· 트렁크 열어 주세요.

칭 카이 이씨아 허우뻬이씨앙
请开一下后备箱。

· 트렁크가 안 열려요.

허우뻬이씨앙 다 뿌 카이
后备箱打不开。

· 팁 드릴게요.

워 게이 니 씨아오페이
我给你小费。

· 이거 넣는 것 좀 도와주시
겠어요?

니 넝 빵 워 바 쪄거 팡 찐취 마?
你能帮我把这个放进去吗?

07 빨리

快
[kuài 콰이]

· 빨리 가 주실 수 있나요?

넝 카이 더 콰이 이디알 마?
能开得快一点儿吗?

· 빨리 가 주세요.

칭 카이 더 콰이 이디알
请开得快一点儿。

기내 28p   공항 40p   거리 64p   택시&버스 78p   전철&기차 90p

· 빨리 가야 돼요.

워 데이 콰이 디알 취
我得快点儿去。

08 세워 주세요

停车
[tíngchē 팅츠어]

· 여기서 세워 주세요.

팅 짜이 쩔 바 / 짜이 쩔 팅 바
停在这儿吧。 / 在这儿停吧。

· 횡단보도에서 세워 주세요.

짜이 런싱헝따오 팅츠어 바
在人行横道停车吧。

· 모퉁이 돌아서 세워 주세요.

과이 꺼 왈 팅츠어 바
拐个弯儿停车吧。

택시
&
버스

09 잔돈

零钱
[língqián 링치엔]

· 잔돈은 됐어요.

링치엔 부야오 러
零钱不要了。

· 거스름돈은 왜 안 주나요? 젼머 뿌 게이 워 쟈오치엔?
怎么不给我找钱?

· 동전으로 주세요. 게이 워 잉삐 바
给我硬币吧。

10 영수증 📄

发票
[fāpiào 파피아오]

· 영수증 주세요. 게이 워 파피아오 바
给我发票吧。

· 영수증 안 주셨어요. 니 메이요우 게이 워 파피아오
你没有给我发票。

11 버스 정류장 🚌

公共汽车站(公交车站)
[gōnggòngqìchē zhàn 꽁꽁치츠어 짠]

· 버스 정류장은 어디예요? 꽁꽁치츠어 짠 짜이 날?
公共汽车站在哪儿?

기내 28p 공항 40p 거리 64p 택시&버스 78p 전철&기차 90p

· 버스 정류장은 가까워요? 꿍꿍치츠어 짠 리 쩔 찐 마?
公共汽车站离这儿近吗?

· 버스는 어디서 탈 수 있어요? 짜이 날 크어이 쭈어 꿍꿍치츠어?
在哪儿可以坐公共汽车?

· 버스 정류장 걸어갈 수 꿍꿍치츠어 짠 넝 져우 꾸어 취
있어요? 마?
公共汽车站能走过去吗?

12 버스 요금 车票
[chēpiào 츠어퍄오]

· 버스 요금이 얼마예요? 츠어퍄오 뚜어샤오 치엔?
车票多少钱?

· 버스 요금은 현금으로 츠어퍄오 야오 푸 씨엔찐 마?
내요? 车票要付现金吗?

· 버스 요금은 어떻게 내요? 츠어퍄오 전머 푸?
车票怎么付?

호텔 102p   식당 130p   관광 156p   쇼핑 170p   귀국 190p

13 버스

公共汽车(公交车)
[gōnggòngqìchē 꽁꽁치츠어]

· 이거 시내 가는 버스예요?

쩌 스 취 스쫑씬 더 꽁꽁치츠어 마?
这是去市中心的公共汽车吗?

· 이거 공항 가는 버스예요?

쩌 스 취 찌챵 더 꽁꽁치츠어 마?
这是去机场的公共汽车吗?

· 이거 지하철역 가는
버스예요?

쩌 스 취 띠티에쨘 더 꽁꽁치츠어
마?
这是去地铁站的公共汽车吗?

14 맞은편

对面
[duìmian 뚜이미엔]

· 맞은편에서 타야 됩니다.

야오 짜이 뚜이미엔 쭈어 츠어
要在对面坐车。

· 맞은편으로 가려면 어떻게
가요?

잉까이 쩐머 취 뚜이미엔?
应该怎么去对面?

기내 28p   공항 40p   거리 64p   택시&버스 78p   전철&기차 90p

· 맞은편에서 버스 타면 시내에 가요?

짜이 뚜이미엔 쭈어 츠어 넝 취 스쫑신 마?
在对面坐车能去市中心吗?

15 환승 

換乘
[huànchéng 환청]

· 어디에서 환승해요?

짜이 날 환청?
在哪儿换乘?

· 몇 번으로 환승해요?

야오 환 지 루 츠어?
要换几路车?

16 내리다 

下车
[xiàchē 씨아츠어]

· 저 여기서 내려요.

워 짜이 쩔 씨아츠어
我在这儿下车。

· 길가에 세워 주세요.

카오 삐엔 팅 이씨아
靠边停一下。

빨리찾아

01 지하철역   地铁站
[dìtiězhàn 띠티에쨘]

02 몇 호선   几号线
[jǐ hàoxiàn 지 하오씨엔]

03 노선도   地铁路线图
[dìtiě lùxiàntú 띠티에 루씨엔투]

04 기차역   火车站
[huǒchēzhàn 후어츠어쨘]

05 일반석   硬卧
[yìngwò 잉우어]

06 우등석   软卧
[ruǎnwò 루안우어]

07 매표소   售票处
[shòupiàochù 셔우피아오츄]

08 발권기   售票机
[shòupiàojī 셔우피아오찌]

09	요금	票价 [piàojià 피아오찌아]
10	편도 티켓	单程票 [dānchéngpiào 딴청피아오]
11	왕복 티켓	往返票 [wǎngfǎnpiào 왕판피아오]
12	표, 티켓	票 [piào 피아오]
13	급행열차	动车・高铁 [dòngchē 똥츠어・gāotiě 까오티에]
14	승강장	站台 [zhàntái 짠타이]
15	환승	换乘 [huànchéng 환청]
16	자리	座位 [zuòwèi 쭈어웨이]

전철
&
기차

호텔 102p   식당 130p   관광 156p   쇼핑 170p   귀국 190p

전철&기차에서

01 지하철역 🚇

地铁站
[dìtiězhàn 띠티에짠]

· 지하철역은 어디예요?
띠티에짠 짜이 날?
地铁站在哪儿?

· 지하철역은 어떻게 가요?
띠티엔짠 젼머 취?
地铁站站怎么去?

· 여기가 지하철역이에요?
쩔 스 띠티에짠 마?
这儿是地铁站吗?

· 지하철역은 여기서 멀어요?
띠티에짠 리 쩔 위엔 마?
地铁站离这儿远吗?

· 지하철역으로 데려다
　주세요.
칭 바 워 따이 따오 띠티에짠
请把我带到地铁站。

· 어느 출구로 나가나요?
총 지 하오 츄커우 츄취?
从几号出口出去?

---

02 몇 호선 🚇

几号线
[jǐ hàoxiàn 지 하오씨엔]

· 여기 가려고 하는데 몇 호선
타요?

취 쩔 야오 쭈어 지 하오씨엔?
去这儿要坐几号线？

· 이 노선 타면 여기 가나요?

쭈어 쪄 티아오 씨엔 넝 따오 쩔
마?
坐这条线能到这儿吗？

· 이 노선으로 갈아탈 거예요.

워 야오 환청 쪄 티아오 씨엔
我要换乘这条线。

03 노선도 🚇

地铁路线图
[dìtiě lùxiàntú 띠티에 루씨엔투]

· 노선도 한 장 주세요.

워 씨앙 야오 이쨩 띠티에 루씨엔투
我想要一张地铁路线图。

호텔 102p   식당 130p   관광 156p   쇼핑 170p   귀국 190p

전철
&
기차

· 노선도 보는 것 좀 도와
  주세요.

빵 워 이씨아, 띠티에 루씨엔투
쩐머 칸?

帮我一下，地铁路线图怎么看？

04 기차역 火车站
[huǒchēzhàn 후어츠어짠]

· 기차역은 어디예요?

후어츠어짠 짜이 날?

火车站在哪儿？

· 기차역은 어떻게 가요?

후어츠어짠 쩐머 취?

火车站怎么去？

· 여기가 기차역이에요?

쩔 스 후어츠어짠 마?

这儿是火车站吗？

· 기차역은 여기서 멀어요?

후어츠어짠 리 쩔 위엔 마?

火车站离这儿远吗？

· 열차를 잘못 탔어요.

워 쭈어 츄어 츠어 러

我做错车了。

기내 28p   공항 40p   거리 64p   택시&버스 78p   전철&기차 90p

05 일반석
(열차 등의) 일반 침대석

硬卧
[yìngwò 잉우어]

· 일반석으로 주세요.
워 야오 잉우어
我要硬卧。

· 일반석 남았어요?
잉우어 하이 요우 마?
硬卧还有吗?

· 일반석은 얼마예요?
잉우어 뚜어샤오 치엔?
硬卧多少钱?

06 우등석
(열차 등의) 푹신한 침대석

软卧
[ruǎnwò 루안우어]

· 우등석으로 주세요.
워 야오 루안우어
我要软卧。

· 우등석은 얼마예요?
루안우어 뚜어샤오 치엔?
软卧多少钱?

호텔 102p   식당 130p   관광 156p   쇼핑 170p   귀국 190p

95

· 일반석이랑 우등석 차이가 뭔가요?

잉우어 흐어 루안우어 요우 션머 뿌 퉁?

硬卧和软卧有什么不同?

07 매표소 🚩

售票处
[shòupiàochù 셔우피아오츄]

· 매표소는 어디예요?

셔우피아오츄 짜이 날?

售票处在哪儿?

· 매표소는 어떻게 가요?

셔우피아오츄 전머 져우?

售票处怎么走?

· 매표소로 데려다 주세요.

칭 바 워 따이 따오 셔우피아오츄

请把我带到售票处。

· 표 살 거예요.

워 야오 마이 피아오.

我要买票。

· 표를 잘못 샀어요.

워 마이 츄어 피아오 러

我买错票了。

08 발권기 ✈️

售票机
[shòupiàojī 셔우피아오찌]

· 무인 발권기는 어디에
  있어요?

우런 셔우피아오찌 짜이 날?
无人售票机在哪儿?

· 발권기는 어떻게 사용해요?

셔우피아오찌 전머 용?
售票机怎么用?

· 발권기 쓰는 것 좀 가르쳐
  주실래요?

니 넝 찌아오 워 전머 용 셔우피아
오찌 마?
你能教我怎么用售票机吗?

· 제 표가 안 나왔어요.

워 더 피아오 메이요우 츄라이
我的票没有出来。

전철
&
기차

09 요금 💰

票价
[piàojià 피아오찌아]

· 요금은 얼마예요?

피아오찌아 스 뚜어샤오?
票价是多少?

· 신용카드는 되나요?　　　넝 용 씬용카 마?
　　　　　　　　　　　　　能用信用卡吗?

· 현금이 없어요.　　　　　메이요우 씨엔찐
　　　　　　　　　　　　　没有现金。

· 여행자 수표 되나요?　　　뤼싱 즈피아오 크어이 용 마?
　　　　　　　　　　　　　旅行支票可以用吗?

10 편도 티켓 🚃 単程票
[dānchéngpiào 딴청피아오]

· 편도로 두 장 주세요.　　　게이 워 량쨩 딴청피아오
　　　　　　　　　　　　　给我两张单程票。

· 이거 편도표 아닌데요.　　　쩌거 부스 딴청피아오
　　　　　　　　　　　　　这个不是单程票。

· 이거 편도표 맞아요?　　　쩌 스 딴청피아오 마?
　　　　　　　　　　　　　这是单程票吗?

· 이거 편도로 바꿀 수　　　쩌거 넝 환청 딴청피아오 마?
　있어요?　　　　　　　　这个能换成单程票吗?

11 왕복 티켓 🚂

往返票
[wǎngfānpiào 왕판피아오]

· 왕복으로 한 장이요.

워 야오 이쨩 왕판피아오
我要一张往返票。

· 이거 왕복 티켓 아닌데요.

쪄거 부스 왕판피아오
这个不是往返票。

· 이거 왕복 티켓 맞아요?

쪄 스 왕판피아오 마?
这是往返票吗?

· 이거 왕복으로 바꿀 수
있어요?

쪄거 넝 환청 왕판피아오 마?
这个能换成往返票吗?

전철
&
기차

12 표, 티켓 🎫

票
[piào 피아오]

· 여기 가는 표 한 장이요.

워 야오 이쨩 취 쪌 더 피아오
我要一张去这儿的票。

· ○○○역으로 가는 표
한 장이요.

워 야오 이쨩 취 ○○○쨘 더 피아오
我要一张去○○○站的票。

호텔 102p   식당 130p   관광 156p   쇼핑 170p   귀국 190p

13 급행열차

动车·高铁
[dòngchē 똥츠어 · gāotiě 까오티에]

· 여기로 가는 급행열차
  있어요?

요우 취 쩔 더 까오티에 마?
有去这儿的高铁吗?

· 급행열차는 얼마예요?

까오티에 피아오 뚜어샤오 치엔?
高铁票多少钱?

· 이번 열차는 어디서 타요?

쩌 탕 츠어 짜이 날 쌍츠어?
这趟车在哪儿上车?

· 급행열차는 몇 시에
  있어요?

지 디엔 요우 까오티에?
几点有高铁?

14 승강장

站台
[zhàntái 짠타이]

· ○번 승강장은 어디예요?

○하오 짠타이 짜이 날?
○号站台在哪儿?

· 승강장을 못 찾겠어요.

워 쟈오부따오 짠타이
我找不到站台。

기내 28p   공항 40p   거리 64p   택시&버스 78p   전철&기차 90p

15 환승 🚆

换乘
[huànchéng 환청]

· 어디에서 환승하나요?

짜이 날 환청?
在哪儿换乘？

· 여기로 가려면 환승해야
돼요?

취 쩔 야오 환청 마?
去这儿要换乘吗？

16 자리 🪑

座位
[zuòwèi 쭈어웨이]

· 자리 있어요?

요우 쭈어웨이 마?
有座位吗？

· 여기 앉아도 되나요?

넝 쭈어 쩔 마?
能坐这儿吗？

· 여기는 제 자리입니다.

쩌 스 워 더 쭈어웨이
这是我的座位。

빨리찾아

01 **로비**
大厅
[dàtīng 따팅]

02 **예약**
预定
[yùdìng 위띵]

03 **체크인**
入住
[rùzhù 루쭈]

04 **얼마**
多少钱
[duōshao qián 뚜어샤오 치엔]

05 **조식**
早餐
[zǎocān 자오찬]

06 **방 키**
房卡
[fángkǎ 팡카]

07 **엘리베이터**
电梯
[diàntī 띠엔티]

08 **몇 층**
几楼
[jǐ lóu 지 로우]

09	방	房间 [fángjiān 팡찌엔]
10	짐	行李 [xíngli 싱리]
11	침대	床 [chuáng 츄앙]
12	전망	风景 [fēngjǐng 펑징]
13	수건	毛巾 [máojīn 마오찐]
14	칫솔	牙刷 [yáshuā 야슈아]
15	베개	枕头 [zhěntou 전터우]
16	드라이기	吹风机 [chuīfēngjī 츄이펑찌]

호텔

17 욕조
浴缸
[yùgāng 위깡]

18 물
水
[shuǐ 슈웨이]

19 인터넷
因特网
[yīntèwǎng 인트어왕]

20 텔레비전
电视
[diànshì 띠엔스]

21 청소
打扫
[dǎsǎo 다사오]

22 모닝콜
叫醒服务
[jiàoxǐng fúwù 찌아오싱 푸우]

23 룸 서비스
客房服务
[kèfáng fúwù 크어팡 푸우]

24 개인 금고(보관함)
个人保险柜
[gèrén bǎoxiānguì 꺼런 바오시엔꾸이]

25	세탁	洗衣 [xǐyī 시이]
26	체크아웃	退房 [tuìfáng 투이팡]
27	계산서	帐单 [zhàngdān 짱딴]
28	추가 요금	附加费 [fùjiāfèi 푸찌아페이]
29	요금	费用 [fèiyòng 페이용]
30	신용카드	信用卡 [xìnyòngkǎ 씬용카]
31	택시	出租车 [chūzūchē 츄쭈츠어]
32	공항	机场 [jīchǎng 찌창]

호텔

호텔에서

01 로비

大厅
[dàtīng 따팅]

· 로비는 어디예요?
따팅 짜이 날?
大厅在哪儿?

· 로비를 못 찾겠는데요.
워 쟈오부따오 따팅
我找不到大厅。

· 로비로 데려가 주세요.
칭 바 워 따이 따오 따팅
请把我带到大厅。

02 예약

预定
[yùdìng 위띵]

· 예약했어요.
워 위띵 러
我预定了。

기내 28p   공항 40p   거리 64p   택시&버스 78p   전철&기차 90p

· 예약 안 했어요.　　　　　워 메이요우 위띵
　　　　　　　　　　　　我没有预定。

· 이 사이트로 예약했는데요.　워 용 쪄거 왕짠 위띵 더
　　　　　　　　　　　　我用这个网站预定的。

· 예약은 제 이름 윤주희로　용 워 더 밍쯔 위띵 더. 인쭈씨
  했어요.　　　　　　　　用我的名字预定的。 尹株熙。

03 체크인 📝

入住
[rùzhù 루쭈]

호텔

· 체크인하려고요.　　　　워 야오 루쭈
　　　　　　　　　　　　我要入住。

· 체크인은 어디서 해요?　　짜이 날 떵찌?
　　　　　　　　　　　　在哪儿登记?

· 체크인은 몇 시에 하나요?　야오 지 디엔 루쭈?
　　　　　　　　　　　　要几点入住?

· 체크인하기 전에 짐 맡아 주세요.

루쭈 치엔 빵 워 바 싱리 바오관 이씨아

入住前帮我把行李保管一下。

· 보증금이 있습니다.

요우 야찐

有押金。

04 얼마 💰?

多少钱
[duōshao qián 뚜어샤오 치엔]

· 1박에 얼마예요?

쭈 이 티엔 뚜어샤오 치엔?

住一天多少钱?

· 2박에 얼마예요?

쭈 량 티엔 뚜어샤오 치엔?

住两天多少钱?

· 할인 받을 수 있어요?

넝 게이 워 져커우 마?

能给我折扣吗?

· 보증금이 얼마예요?

야찐 스 뚜어샤오 치엔?

押金是多少钱?

05 조식 🍴

早餐
[zǎocān 자오찬]

· 조식은 어디서 먹어요?

짜이 날 츠 자오찬?
在哪儿吃早餐？

· 몇 시부터 조식을 먹을 수
있어요?

지 디엔 카이스 츠 자오찬?
几点开始吃早餐？

· 조식으로 뭐가 있죠?

자오찬 요우 션머?
早餐有什么？

· 조식은 몇 시까지예요?

자오찬 따오 지 디엔 지에슈?
早餐到几点结束？

· 조식 포함하면 얼마예요?

빠오쿼 자오찬 스 뚜어샤오
치엔?
包括早餐是多少钱？

· 조식비 포함입니다.

빠오쿼 자오찬페이
包括早餐费。

호텔

호텔 102p   식당 130p   관광 156p   쇼핑 170p   귀국 190p

06 방 키 🔑

房卡
[fángkǎ 팡카]

TIP [야오스 钥匙]는 말 그대로 '열쇠'를 가리키며, '카드로 되어 있는 방 키'는 [팡카 房卡]라고 해요.

· 방 키 하나 더 주세요. 짜이 게이 워 이꺼 팡카
再给我一个房卡。

· 방 키가 없어졌어요. 워 더 팡카 부찌엔러
我的房卡不见了。

· 방 키가 안 돼요. 워 더 팡카 뿌 하오스
我的房卡不好使。

07 엘리베이터 🗑

电梯
[diàntī 띠엔티]

· 엘리베이터는 어디 있어요? 띠엔티 짜이 날?
电梯在哪儿?

기내 28p   공항 40p   거리 64p   택시&버스 78p   전철&기차 90p

· 엘리베이터 문이 안 열려요.　띠엔티 먼 다 뿌 카이
　　　　　　　　　　　　　电梯门打不开。

08 몇 층 ﾖ?

几楼
[jǐ lóu 지 로우]

· 제 방은 몇 층이에요?　워 더 팡찌엔 스 지 로우?
　　　　　　　　　　我的房间是几楼?

· 수영장은 몇 층에 있어요?　요우용츠 짜이 지 로우?
　　　　　　　　　　游泳池在几楼?

· 운동하는 곳은 몇 층에　찌엔션팡 짜이 지 로우?
　있어요?　　　　　　健身房在几楼?

· 스파는 몇 층에 있어요?　씨우시엔 찌엔션 쫑씬 짜이 지
　　　　　　　　　　로우?
　　　　　　　　　　Spa(休闲健身中心)在几楼?

· 지하 1층에 있어요.　짜이 띠씨아 이 로우
　　　　　　　　　　在地下一楼。

호텔

· 2층에 있어요.　　　　　　　짜이 얼 로우
　　　　　　　　　　　　　　在二一楼。

09 방 　　　房间
　　　　　　　　　　　　　　[fángjiān 팡찌엔]

· 제 방이 어디죠?　　　　　　워 더 팡찌엔 짜이 날?
　　　　　　　　　　　　　　我的房间在哪儿?

· 제 방을 못 찾겠어요.　　　　워 쟈오부따오 워 더 팡찌엔
　　　　　　　　　　　　　　我找不到我的房间。

· 제 방이 너무 더워요.　　　　워 더 팡찌엔 타이 르어 러
　　　　　　　　　　　　　　我的房间太热了。

· 제 방이 너무 추워요.　　　　워 더 팡찌엔 타이 렁 러
　　　　　　　　　　　　　　我的房间太冷了。

· 제 방에서 냄새나요.　　　　워 더 팡찌엔 요우디알 쳐우
　　　　　　　　　　　　　　我的房间有点儿臭。

· 문이 안 열려요.　　　　　　먼 다 뿌 카이
　　　　　　　　　　　　　　门打不开。

10 짐 🧳

行李
[xíngli 싱리]

· 짐 맡길 수 있어요?

넝 바오관 싱리 마?
能保管行李吗?

· 짐 올려 주실 수 있어요?

넝 바 워 더 싱리 팡 쌍취 마?
能把我的行李放上去吗?

· 이거 제 짐이 아니에요.

쩌거 부스 워 더 싱리
这个不是我的行李。

· 제 짐이 없어졌어요.

워 더 싱리 부찌엔러
我的行李不见了。

· 제 짐 좀 찾아 주세요.

빵 워 쟈오 이씨아 워 더 싱리
帮我找一下我的行李。

· 체크인하기 전에 짐 맡아 주세요.

루쭈 치엔 빵 워 바 싱리 바오관 이씨아
入住前帮我把行李保管一下。

· 짐이 몇 개인가요?

니 요우 지 찌엔 싱리?
你有几件行李?

호텔

11 침대

床
[chuáng 츄앙]

· 싱글 침대로 주세요.

워 야오 딴런츄앙
我要单人床。

· 더블 침대로 주세요.

워 야오 슈왕런츄앙
我要双人床。

· 제일 큰 침대로 주세요.

워 야오 쭈이 따 더 츄앙
我要最大的床。

· 제일 큰 침대 있는 방은
얼마예요?

츄앙 쭈이 따 더 팡찌엔 스
뚜어샤오 치엔?
床最大的房间是多少钱?

12 전망

风景
[fēngjǐng 펑징]

· 바다 전망으로 주세요.

워 씨앙 야오 넝 칸 하이징 더 팡찌엔
我想要能看海景的房间。

· 도심 전망으로 주세요.   워 씨앙 야오 넝 칸 청스 징꽌 더
팡찌엔
我想要能看城市景观的房间。

· 전망 좋은 데로 주세요.   워 씨앙 야오 츄앙와이 펑징 하오
더 팡찌엔
我想要窗外风景好的房间。

13 수건   ⊜

毛巾
[máojīn 마오찐]

· 수건 더 주세요.   짜이 게이 워 지 꺼 마오찐
再给我几个毛巾。

· 수건이 없어요.   메이요우 마오찐
没有毛巾。

· 수건이 더러워요.   마오찐 요우디알 짱
毛巾有点儿脏。

· 수건 깨끗한 걸로 주세요.   게이 워 깐찡 이디알 더 마오찐
给我干净一点儿的毛巾。

· 큰 수건으로 주세요.   게이 워 따 이디알 더 마오찐
给我大一点儿的毛巾。

호텔

14 칫솔

牙刷
[yáshuā 야슈아]

· 칫솔이 없어요.
메이요우 야슈아
没有牙刷。

· 칫솔 하나 주세요.
게이 워 이꺼 야슈아
给我一个牙刷。

· 칫솔 하나 더 주세요.
짜이 게이 워 이꺼 야슈아
再给我一个牙刷。

· 치약 주세요.
게이 워 이꺼 야까오
给我一个牙膏。

· 어린이용 칫솔 주세요.
게이 워 이꺼 얼통 야슈아
给我一个儿童牙刷。

· 어린이용 치약 있어요?
요우 얼통 야까오 마?
有儿童牙膏吗?

· 부드러운 칫솔 없나요?
요우 루안 이디알 더 야슈아 마?
有软一点儿的牙刷吗?

· 치실 있어요?
요우 야씨엔 마?
有牙线吗?

기내 28p   공항 40p   거리 64p   택시&버스 78p   전철&기차 90p

15 베개 ✏

枕头
[zhěntou 전터우]

· 베개 하나 더 주세요.

짜이 게이 워 이꺼 전터우
再给我一个枕头。

· 베개가 너무 딱딱해요.

전터우 요우디알 잉
枕头有点儿硬。

· 베개가 너무 높아요.

전터우 타이 까오 러
枕头太高了。

· 베개가 너무 낮아요.

전터우 타이 아이 러
枕头太矮了。

· 베개 큰 거 있어요?

전터우 요우 따 이디알 더 마?
枕头有大一点儿的吗?

호텔

16 드라이기 🔧

吹风机
[chuīfēngjī 추이펑찌]

· 드라이기 주세요.

게이 워 이꺼 추이펑찌
给我一个吹风机。

· 드라이기가 없어요.　　　메이요우 츄이펑찌
　　　　　　　　　　　　　没有吹风机。

· 드라이기가 고장 났어요.　츄이펑찌 화이 러
　　　　　　　　　　　　　吹风机坏了。

· 드라이기가 잘 안 돼요.　 츄이펑찌 뿌 하오용
　　　　　　　　　　　　　吹风机不好用。

17 욕조 🛁　　　浴缸
　　　　　　　　　　　[yùgāng 위깡]

· 욕조가 더러워요.　　　　위깡 요우디알 짱
　　　　　　　　　　　　　浴缸有点儿脏。

· 욕조 좀 닦아 주세요.　　 칭 바 위깡 칭지에 이씨아
　　　　　　　　　　　　　请把浴缸清洁一下。

· 욕조의 물이 안 빠져요.　 위깡 리 더 슈웨이 씨아 부 취
　　　　　　　　　　　　　浴缸里的水下不去。

· 샤워기가 고장 났어요.　　무위치 화이 러
　　　　　　　　　　　　　沐浴器坏了。

18 물 🥤

水
[shuǐ 슈웨이]

· 물이 안 나와요.   슈웨이 뿌 츄라이
水不出来。

· 물이 뜨거워요.   슈웨이 헌 탕
水很烫。

· 물이 차가워요.   슈웨이 헌 량
水很凉。

· 물 온도 조절이 안 돼요.   뿌 넝 티아오 슈웨이원
不能调水温。

· 샤워기에서 물이 안 나와요.   무위치 슈웨이 뿌 츄라이
沐浴器水不出来。

· 변기 물이 안 내려가요.   마통 슈웨이 씨아 부 취
马桶水下不去。

· 샴프를 다 썼어요.   시파루 용 완 러
洗发露用完了。

호텔

---

19 인터넷 📶

因特网
[yīntèwǎng 인트어왕]

· 인터넷이 안 돼요.

샹 뿌랴오 왕
上不了网。

· 인터넷 할 수 있는 데는
어디예요?

짜이 날 크어이 샹왕?
在哪儿可以上网?

· 랜선이 없어요.

메이요우 왕씨엔
没有网线。

· 와이파이가 안 터져요.

우씨엔왕 리엔 뿌 샹
无线网/WIFI连不上。

· 와이파이 터지는 데가
어디예요?

짜이 날 크어이 샹 우씨엔왕?
在哪儿可以上无线网/WIFI?

· 컴퓨터 쓸 수 있는 데가
어디예요?

짜이 날 크어이 용 띠엔나오?
在哪儿可以用电脑?

· 와이파이 번호는 몇 번
이에요?

우씨엔왕 하오마 스 뚜어샤오?
无线网/WIFI号码是多少?

기내 28p   공항 40p   거리 64p   택시&버스 78p   전철&기차 90p

20 텔레비전 🖥️

电视
[diànshì 띠엔스]

· 텔레비전이 안 나와요.

띠엔스 화이 러
电视坏了。

· 리모컨이 안 돼요.

야오콩치 화이 러
遥控器坏了。

· 음량 조절 어떻게 해요?

인량 전머 티아오?
音量怎么调？

· 채널 어떻게 바꾸죠?

전머 환 핀따오?
怎么换频道？

호텔

21 청소 🧹

打扫
[dǎsǎo 다사오]

· 청소해 주세요.

다사오 이씨아 팡찌엔
打扫一下房间。

· 청소가 안 되어 있어요.

팡찌엔 메이요우 다사오
房间没有打扫。

호텔 102p   식당 130p   관광 156p   쇼핑 170p   귀국 190p

· 청소 안 해주셔도 됩니다.   부용 다사오 워 더 팡찌엔
不用打扫我的房间。

· 오후에 청소해 주세요.   씨아우 다사오 이씨아 바
下午打扫一下吧。

· 화장실 청소가 안 되어   시셔우찌엔 더 웨이셩 메이
있어요.   다사오
洗手间的卫生没打扫。

· 쓰레기통이 안 비워져   메이 따오 라지
있어요.   没倒垃圾。

22 모닝콜 ☀♪   叫醒服务
[jiàoxǐng fúwù 찌아오싱 푸우]

· 모닝콜 해 주세요.   워 야오 찌아오싱 푸우
我要叫醒服务。

· ○시에 해 주세요.   야오 ○디엔
要○点。

· 모닝콜 취소할게요.   워 씨앙 취씨아오 찌아오싱 푸우
我想取消叫醒服务。

· 모닝콜 연달아 두 번 해 주세요.

찌아오싱 푸우 리엔쉬 게이 워 다 량 츠 바
叫醒服务连续给我打两次吧。

23 룸 서비스

客房服务
[kèfáng fúwù 크어팡 푸우]

· 룸 서비스 시킬게요.

워 야오 크어팡 푸우
我要客房服务。

· 룸 서비스 메뉴 보고 싶어요.

워 씨앙 칸 이씨아 크어팡 푸우 차이딴
我想看一下客房服务菜单。

· 룸서 비스로 아침 갖다 주세요.

바 자오찬 쏭 따오 워 팡찌엔 바
把早餐送到我房间吧。

· 룸 서비스로 레드와인 한 병 갖다 주세요.

쏭 이핑 홍지우 따오 워 팡찌엔
送一瓶红酒到我房间。

· 룸 서비스가 왜 안 오죠?

크어팡 푸우 전머 뿌 라이?
客房服务怎么不来?

호텔

24 개인 금고 (보관함)

个人保险柜
[gèrén bǎoxiǎnguì
꺼런 바오시엔꾸이]

· 개인 금고는 어떻게 써요?
꺼런 바오시엔꾸이 전머 용?
个人保险柜怎么用?

· 개인 금고가 안 열려요.
꺼런 바오시엔꾸이 다 뿌 카이
个人保险柜打不开。

· 개인 금고에 물건이 있어요.
꺼런 바오시엔꾸이 리 요우 똥시
个人保险柜里有东西。

25 세탁

洗衣
[xǐyī 시이]

· 세탁 서비스 신청할게요.
워 씨앙 야오 시이 푸우
我想要洗衣服务。

· 세탁 서비스는 언제 와요?
시이 푸우 션머 스허우 따오?
洗衣服务什么时候到?

· 세탁물이 망가졌어요.
이푸 뻬이 시 화이 러
衣服被洗坏了。

기내 28p   공항 40p   거리 64p   택시&버스 78p   전철&기차 90p

26 체크아웃 🧳

退房
[tuífáng 투이팡]

· 체크아웃 할게요.

워 야오 투이팡
我要退房。

· 체크아웃 몇 시예요?

야오 지 디엔 투이팡?
要几点退房?

· 하루 더 연장할게요.

워 야오 옌창 이 티엔
我要延长一天。

· 체크아웃 좀 있다 할게요.

워 씨앙 덩 이훨 투이팡
我想等一会儿退房。

27 계산서 📃

帐单
[zhàngdān 짱딴]

· 계산서 보여 주세요.

게이 워 칸 이씨아 짱딴
给我看一下账单。

· 계산서가 틀렸어요.

짱딴 쑤안 츄어 러
账单算错了。

호텔

호텔 102p   식당 130p   관광 156p   쇼핑 170p   귀국 190p

· 자세한 계산서를 보여
주세요.

게이 워 칸 씨앙씨 이디알 더 짱딴
给我看详细一点儿的账单。

28 추가 요금 ✚

附加费
[fùjiāfèi 푸지아페이]

· 왜 추가 요금이 있죠?

젼머 요우 푸찌아페이?
怎么有附加费？

· 어떤 게 추가된 거예요?

푸찌아 더 요우 나씨에?
附加的有哪些？

· 이 추가 요금 설명해
주세요.

게이 워 지에스 이씨아 푸찌아페이
给我解释一下附加费。

29 요금 🗂

费用
[fèiyòng 페이용]

· 이 요금은 뭐죠?

쩌 스 션머 페이용?
这是什么费用？

· 요금이 더 나온 거
  같은데요.

니먼 하오씨앙 뚜어 셔우페이 러
你们好像多收费了。

· 요금 합계가 틀렸어요.

찌아 치라이 더 페이용 부 뚜이
加起来的费用不对。

30 신용카드 💳

信用卡
[xìnyòngkǎ 씬용카]

· 카드로 하실래요,
  현금으로 하실래요?

니 야오 슈아카 하이스 씨엔찐?
你要刷卡还是现金?

· 신용카드 되나요?

넝 용 씬용카 마?
能用信用卡吗?

· 신용카드가 안 긁혀요.

씬용카 뿌 넝 용
信用卡不能用。

· 다른 신용카드는 없어요.

워 메이요우 비에더 씬용카
我没有别的信用卡。

· 한번 더 긁어 봐 주세요.

짜이 스 이씨아 바
再试一下吧。

호텔

호텔 102p   식당 130p   관광 156p   쇼핑 170p   귀국 190p

· 여행자 수표 받아요?　　　니먼 셔우 뤼싱 즈피아오 마?
　　　　　　　　　　　　你们收旅行支票吗?

· 현금이 없어요.　　　　　워 메이요우 씨엔찐
　　　　　　　　　　　　我没有现金。

31 택시 🚗　　　　　出租车
　　　　　　　　　　　　[chūzūchē 츄쭈츠어]

─────────────────────────────────

· 택시 좀 불러 주세요.　　빵 워 찌아오 이씨아 츄쭈츠어
　　　　　　　　　　　　帮我叫一下出租车。

· 택시비가 비싼가요?　　　츄쭈츠어 페이 꾸이 마?
　　　　　　　　　　　　出租车费贵吗?

· 택시로 어디 가시나요?　　쭈어 츄쭈츠어 야오 취 날?
　　　　　　　　　　　　坐出租车要去哪儿?

· 돌아가지 마세요.　　　　비에 라오 위엔 루
　　　　　　　　　　　　别绕远路。

· 늦었어요, 서둘러 주세요.　라이뿌지 러, 칭 카이 콰이 디엔
　　　　　　　　　　　　来不及了，请开快点。

· 택시비는 대략 얼마 나와요?　츄쭈츠어 페이 따까이 뚜어샤오
　　　　　　　　　　　　　치엔?
　　　　　　　　　　　　　出租车费大概多少钱?

32 공항 ✈

机场
[jīchǎng 찌창]

· 공항에 갈 거예요.　　　　워 야오 취 찌창
　　　　　　　　　　　　我要去机场。

· 공항에 가려면 뭐 타요?　취 찌창 야오 쭈어 션머?
　　　　　　　　　　　　去机场要坐什么?

· 공항에 가는 버스 있어요?　요우 취 찌창 더 꿍꿍치츠어 마?
　　　　　　　　　　　　有去机场的公共汽车吗?

· 택시 타는 게 가장 빨라요.　쭈어 츄쭈츠어 쭈이 콰이
　　　　　　　　　　　　坐出租车最快。

· 지하철역과 연결되어　　흐어 띠티에짠 스 리엔 져 더
　있어요.　　　　　　　和地铁站是连着的。

· 공항까지 걸어서 갈 수　　크어이 져우 져 취 찌창
　있어요.　　　　　　　可以走着去机场。

호텔

빨리찾아

01 두 명이요   两个人 [liǎng ge rén 량 꺼 런]

02 예약   预定 [yùdìng 위띵]

03 테이블   桌子 [zhuōzi 쭈어즈]

04 웨이터(여기요)   服务员 [fúwùyuán 푸우위엔]

05 주문   点菜 [diǎncài 디엔차이]

06 메뉴   菜单 [càidān 차이딴]

07 추천   推荐 [tuījiàn 투이찌엔]

08 고수나물   香菜 [xiāngcài 씨앙차이]

기내 28p   공항 40p   거리 64p   택시&버스 78p   전철&기차 90p

09	해산물	海鲜 [hǎixiān 하이씨엔]
10	닭고기	鸡肉 [jīròu 찌로우]
11	젓가락	筷子 [kuàizi 콰이즈]
12	숟가락	勺子 [sháozi 샤오즈]
13	음료	饮料 [yǐnliào 인랴오]
14	세트	套餐 [tàocān 타오찬]
15	단품	单品 [dānpǐn 딴핀]
16	햄버거	汉堡 [hànbǎo 한바오]

식당

호텔 102p   식당 130p   관광 156p   쇼핑 170p   귀국 190p

17	감자튀김	薯条 [shǔtiáo 슈티아오]
18	콜라	可乐 [kělè 크어르어]
19	여기서 먹다	在这儿吃 [zài zhèr chī 짜이 쩔 츠]
20	포장하다	打包 [dǎbāo 다빠오]
21	얼음	冰块 [bīngkuài 삥콰이]
22	빨대	吸管 [xīguǎn 씨관]
23	냅킨	餐巾纸 [cānjīnzhǐ 찬찐즈]
24	뜨거운	热的 [rè de 르어 더]

기내 28p   공항 40p   거리 64p   택시&버스 78p   전철&기차 90p

25	차가운	冰的 [bīng de 삥 더]
26	사이즈	大小 [dàxiǎo 따씨아오]
27	우유	牛奶 [niúnǎi 니우나이]
28	샌드위치	三明治 [sānmíngzhì 싼밍즈]
29	와이파이	无线网・WIFI [wúxiànwǎng 우씨엔왕]
30	화장실	洗手间 [xǐshǒujiān 시셔우찌엔]
31	계산서	买单 [mǎidān 마이딴]
32	신용카드	信用卡 [xìnyòngkǎ 씬용카]

식당

식당에서

01 두 명이요

两个人
[liǎng ge rén 량 꺼 런]

· 두 명이요.
량 꺼 런
两个人。

· 혼자예요.
이 꺼 런
一个人。

02 예약

预定
[yùdìng 위띵]

· 예약했어요.
워 위띵 러
我预定了。

· 예약 안 했어요.
워 메이 위띵
我没预定。

· 두 명으로 예약했어요.
위띵 러 량 꺼 런
预定了两个人。

기내 28p   공항 40p   거리 64p   택시&버스 78p   전철&기차 90p

· 윤주희로 예약했어요. 용 워 더 밍쯔 위띵 더. 인쭈씨
用我的名字预定的。尹株熙。

03 테이블 🍸

桌子
[zhuōzi 쭈어즈]

· 테이블이 더러워요. 쭈어즈 요우디알 짱
桌子有点儿脏。

· 테이블 좀 닦아 주세요. 차 이씨아 쭈어즈
擦一下桌子。

· 테이블이 조금 흔들거려요. 쭈어즈 요우디알 야오황
桌子有点儿摇晃。

· 테이블이 너무 좁아요. 쭈어즈 타이 쟈이 러
桌子太窄了。

· 다른 자리로 주세요. 게이 워 환 꺼 웨이즈
给我换个位子。

· 창가 자리로 주세요.

워 야오 카오 츄앙 더 웨이즈
我要靠窗的位子。

04 웨이터 (여기요)

服务员
[fúwùyuán 푸우위엔]

· 여기요!

푸우위엔!
服务员!

· 매니저를 불러 줘요.

찌아오 찡리 꾸어라이
叫经理过来。

· 매니저랑 얘기할래요.

워 씨앙 흐어 찡리 탄탄
我想和经理谈谈。

05 주문

点菜
[diǎncài 디엔차이]

· 주문할게요.

워 야오 디엔차이
我要点菜。

· 이거 주세요.　　　　워 야오 쩌거
　　　　　　　　　　　我要这个。

· 주문했는데요.　　　　워 이징 디엔 러
　　　　　　　　　　　我已经点了。

· 오래 전에 주문했어요.　워 자오찌우 디엔차이 러
　　　　　　　　　　　我早就点菜了。

· 주문하시겠어요?　　　야오 디엔차이 마?
　　　　　　　　　　　要点菜吗?

06 메뉴　菜单
　　　　　　　　　　[càidān 차이딴]

· 메뉴판 좀 주세요.　　　워 야오 차이딴
　　　　　　　　　　　我要菜单。

· 여기 특선 메뉴가 뭔가요?　쩔 요우 션머 나셔우 차이?
　　　　　　　　　　　　这儿有什么拿手菜?

· 특별한 메뉴가 있나요?　요우 션머 트어비에 더 차이?
　　　　　　　　　　　有什么特别的菜?

식당

· 오늘의 메뉴는 뭐죠?　　　찐티엔 더 차이 스 션머?
　　　　　　　　　　　　　今天的菜是什么?

· 메뉴가 잘못 나왔어요.　　 차이 쌍 츄어 러
　　　　　　　　　　　　　菜上错了。

07 추천 👍

推荐
[tuījiàn 투이찌엔]

· 여기 특선 메뉴가 뭔가요?　쩔 요우 션머 나셔우 차이?
　　　　　　　　　　　　　这儿有什么拿手菜?

· 메뉴 추천해 주실래요?　　 니 넝 게이 워 투이찌엔 이씨아 차
　　　　　　　　　　　　　이 마?
　　　　　　　　　　　　　你能给我推荐一下菜吗?

· 이 둘 중 어떤 걸 추천해요?　쪄 량 꺼 땅 쫑 니 투이찌엔 나꺼?
　　　　　　　　　　　　　这两个当中你推荐哪个?

· 레드와인 추천해 주세요.　　게이 워 투이찌엔 이씨아 홍지우
　　　　　　　　　　　　　给我推荐一下红酒。

08 고수나물 香菜
[xiāngcài 씨앙차이]

· 고수나물은 빼 주세요.   부야오 팡 씨앙차이
不要放香菜。

· 저 고수나물 못 먹어요.   워 뿌 넝 츠 씨앙차이
我不能吃香菜。

· 고수나물이 입에 맞지   츠 부꽌 씨앙차이
않아요.   吃不惯香菜。

09 해산물   海鲜
[hǎixiān 하이씨엔]

· 해산물 요리로 할게요.   츠 하이씨엔 바
吃海鲜吧。

· 해산물 알레르기가 있어요.   워 츠 하이씨엔 후이 꾸어민
我吃海鲜会过敏。

· 어떤 해산물을 좋아해요?   시환 츠 나종 하이씨엔?
喜欢吃哪种海鲜？

식당

10 닭고기

鸡肉
[jīròu 찌로우]

· 닭고기로 할게요.

워 츠 찌로우 바
我吃鸡肉吧。

· 닭 요리로 추천해 주세요.

게이 워 투이찌엔 이꺼 용 찌로우
쭈어 더 랴오리
给我推荐一个用鸡肉做的料理。

· 닭고기가 덜 익었어요.

찌로우 하이 메이요우 슈
鸡肉还没有熟。

11 젓가락

筷子
[kuàizi 콰이즈]

· 젓가락을 떨어뜨렸어요.

워 바 콰이즈 띠아오 짜이 띠썅 러
我把筷子掉在地上了。

· 젓가락에 뭐가 묻어 있어요.

콰이즈 썅 요우 짱 똥시
筷子上有脏东西。

· 젓가락 하나 더 주세요.　　　짜이 게이 워 이슈왕 콰이즈
　　　　　　　　　　　　　　再给我一双筷子。

· 다른 젓가락으로 주세요.　　게이 워 환 이슈왕 콰이즈
　　　　　　　　　　　　　　给我换一双筷子。

12 숟가락 🥄

勺子
[sháozi 샤오즈]

· 숟가락 좀 주세요.　　　　　게이 워 이꺼 샤오즈
　　　　　　　　　　　　　　给我一个勺子。

· 숟가락을 떨어뜨렸어요.　　워 바 샤오즈 띠아오 짜이 띠쌍 러
　　　　　　　　　　　　　　我把勺子掉在地上了。

· 숟가락에 뭐가 묻어 있어요.　샤오즈 쌍 요우 짱 똥시
　　　　　　　　　　　　　　勺子上有脏东西。

· 숟가락 하나 더 주세요.　　　짜이 게이 워 이꺼 샤오즈
　　　　　　　　　　　　　　再给我一个勺子。

· 다른 숟가락으로 주세요.　　게이 워 환 이꺼 샤오즈
　　　　　　　　　　　　　　给我换一个勺子。

식당

13 음료 🥤

饮料
[yīnliào 인랴오]

· 음료는 어떤 게 있어요?　　요우 션머 인랴오?
　　　　　　　　　　　　　有什么饮料?

· 생수 한 병 주세요.　　　　워 야오 이핑 쾅취엔슈웨이
　　　　　　　　　　　　　我要一瓶矿泉水。

· 탄산수 주세요.　　　　　　워 야오 치슈웨이
　　　　　　　　　　　　　我要汽水。

· 콜라 주세요.　　　　　　　워 야오 크어르어
　　　　　　　　　　　　　我要可乐。

· 사이다 주세요.　　　　　　워 야오 슈에삐
　　　　　　　　　　　　　我要雪碧。

· 오렌지 주스 주세요.　　　　워 야오 청즈
　　　　　　　　　　　　　我要橙汁。

· 커피 주세요.　　　　　　　워 야오 카페이
　　　　　　　　　　　　　我要咖啡。

· 맥주 한 병 주세요.　　　　워 야오 이핑 피지우
　　　　　　　　　　　　　我要一瓶啤酒。

· 레드와인 한 잔 주세요.　　워 야오 이뻬이 홍지우
　　　　　　　　　　　　　　我要一杯红酒。

· 얼음 많이 주세요.　　　　뼹콰이 뚜어 팡 이디알
　　　　　　　　　　　　　　冰块多放一点儿。

· 리필 되나요?　　　　　　넝 쉬뻬이 마?
　　　　　　　　　　　　　　能续杯吗?

· 음료가 아직 안 나왔어요.　인랴오 하이 메이 게이 워 너
　　　　　　　　　　　　　　饮料还没给我呢。

· 이것 좀 데워 주세요.　　빵 워 바 쩌거 찌아르어 이씨아
　　　　　　　　　　　　　　帮我把这个加热一下。

14 세트

套餐
[tàocān 타오찬]

식당

· 5번 세트 주세요.　　　　워 야오 우하오 타오찬
　　　　　　　　　　　　　　我要五号套餐。

· 세트 가격이에요?　　　　쩌 스 타오찬 찌아그어 마?
　　　　　　　　　　　　　　这是套餐价格吗?

15 단품

单品
[dānpǐn 딴핀]

· 아니요, 단품으로요.

부스, 워 야오 딴핀
不是, 我要单品。

· 단품 가격이에요?

딴핀 찌아그어 스 뚜어샤오?
单品价格是多少?

16 햄버거

汉堡
[hànbǎo 한바오]

· 햄버거 하나만 할게요.

워 즈야오 이꺼 한바오
我只要一个汉堡。

· 햄버거로만 두 개요.

워 즈야오 량꺼 한바오
我只要两个汉堡。

· 햄버거 하나에 얼마예요?

한바오 뚜어샤오 치엔 이꺼?
汉堡多少钱一个?

· 치즈 버거로 주세요.

워 야오 즈스 한바오
我要芝士汉堡。

기내 28p   공항 40p   거리 64p   택시&버스 78p   전철&기차 90p

17 감자튀김 薯条
[shǔtiáo 슈티아오]

· 감자튀김만 주세요.　　　　워 즈야오 슈티아오
　　　　　　　　　　　　　　我只要薯条。

· 감자튀김 큰 걸로요.　　　　워 야오 따 슈티아오
　　　　　　　　　　　　　　我要大薯条。

· 감자튀김 하나에 얼마예요?　슈티아오 뚜어샤오 치엔 이꺼?
　　　　　　　　　　　　　　薯条多少钱一个?

18 콜라 可乐
[kělè 크어르어]

· 콜라 주세요.　　　　　　　워 야오 크어르어
　　　　　　　　　　　　　　我要可乐。

· 콜라 차가운 걸로 주세요.　　워 야오 삥 더 크어르어
　　　　　　　　　　　　　　我要冰的可乐。

· 제로 콜라로 주세요.　　　　워 야오 우탕 크어르어
　　　　　　　　　　　　　　我要无糖可乐。

식당

19 여기서 먹다 在这儿吃
[zài zhèr chī 짜이 쩔 츠]

· 드시고 가세요,
  아니면 가져가세요?

짜이 쩔 츠 하이스 따이져우?
在这儿吃还是带走?

· 여기서 먹을 거예요.

짜이 쩔 츠
在这儿吃。

20 포장하다 打包
[dǎbāo 다빠오]

· 드시고 가세요,
  아니면 포장이세요?

야오 짜이 쩔 츠 하이스 다빠오?
要在这儿吃还是打包?

· 포장이에요.

야오 다빠오
要打包。

· 감자튀김만 포장해 주세요.

찌우 슈티아오 야오 다빠오
就薯条要打包。

· 햄버거만 포장해 주세요.

찌우 한바오 야오 다빠오
就汉堡要打包。

21 얼음

冰块
[bīngkuài 삥콰이]

· 얼음 많이 주세요.

삥콰이 뚜어 팡 이디알
冰块多放一点儿。

· 얼음 조금만 주세요.

삥콰이 샤오 팡 이디알
冰块少放一点儿。

· 얼음 너무 많아요.

삥콰이 타이 뚜어 러
冰块太多了。

· 얼음 빼고 주세요.

야오 취 삥 / 뿌 찌아 삥
要去冰。/ 不加冰。

22 빨대

吸管
[xīguǎn 씨관]

· 빨대 어디 있어요?

씨관 짜이 날?
吸管在哪儿?

· 빨대 안 주셨는데요.

메이 게이 워 씨관
没给我吸管。

호텔 102p   식당 130p   관광 156p   쇼핑 170p   귀국 190p

식당

· 빨대가 없어요.

메이요우 씨관
没有吸管。

· 빨대 더 주세요.

짜이 게이 워 지 꺼 씨관
再给我几个吸管。

23 냅킨

餐巾纸
[cānjīnzhǐ 찬찐즈]

· 냅킨 더 주세요.

짜이 게이 워 이디알 찬찐즈
再给我一点儿餐巾纸。

· 여기 냅킨 없어요.

쪄리 메이요우 찬찐즈
这里没有餐巾纸。

· 냅킨 많이 좀 주세요.

뚜어 게이 워 이디알 찬찐즈
多给我一点儿餐巾纸。

· 화장실에 휴지가 없어요.

시셔우찌엔 리 메이요우 웨이셩즈
洗手间里没有卫生纸。

· 물티슈 있어요?

요우 스찐 마?
有湿巾吗?

24 뜨거운

热的
[rè de 르어 더]

· 뜨거운 걸로 주세요.

워 야오 르어 더
我要热的。

· 뜨거운 아메리카노
한 잔이요.

게이 워 이뻬이 르어 메이스
给我一杯热美式。

· 뜨거운 차 한 잔이요.

게이 워 이뻬이 르어 챠
给我一杯热茶。

· 뜨거운 물 한 잔 주세요.

게이 워 이뻬이 르어 슈웨이
给我一杯热水。

25 차가운

冰的
[bīng de 삥 더]

식당

· 차가운 걸로 주세요.

워 야오 삥 더
我要冰的。

· 차가운 아메리카노
한 잔이요.

워 야오 이뻬이 삥 메이스
我要一杯冰美式。

호텔 102p   식당 130p   관광 156p   쇼핑 170p   귀국 190p

· 차가운 물 한 잔 주세요.　　워 야오 이뻬이 삥 슈웨이
　　　　　　　　　　　　　　我要一杯冰水。

· 차가운 맥주 한 병 주세요.　워 야오 이핑 삥 피지우
　　　　　　　　　　　　　　我要一瓶冰啤酒。

TIP　중국인들은 일반적으로 물을 차갑게 마시지 않기 때문에 술집이나 음식점에 가면 종업원이 손님에게 미지근한 술이나 물을 주는 경우가 많아요. 따라서 차가운 것을 마시고 싶을때는 [워 야오 삥 더 我要冰的]라고 말해 보세요.

· 한 병 더 주세요.　　　　　짜이 라이 이핑
　　　　　　　　　　　　　　再来一瓶。

26 사이즈 🧋

大小
[dàxiǎo 따씨아오]

· 제일 큰 거 주세요.　　　　워 야오 쭈이 따 더
　　　　　　　　　　　　　　我要最大的。

· 제일 작은 거 주세요.　　　워 야오 쭈이 씨아오 더
　　　　　　　　　　　　　　我要最小的。

27 우유

牛奶
[niúnǎi 니우나이]

· 우유 많이 넣어 주세요.
니우나이 뚜어 팡 이디알
牛奶多放一点儿。

· 우유 어떤 걸로 드릴까요?
니 야오 나종 니우나이?
你要哪种牛奶？

· 저지방 우유로 주세요.
워 야오 띠즈 니우나이
我要低脂牛奶。

· 두유로 주세요.
워 야오 또우나이
我要豆奶。

· 요거트 주세요.
워 야오 쑤안나이
我要酸奶。

28 샌드위치

三明治
[sānmíngzhì 싼밍즈]

· 샌드위치 있어요?
요우 싼밍즈 마?
有三明治吗？

· 샌드위치 뭐 있어요?　　　요우 션머 싼밍즈?
　　　　　　　　　　　　　有什么三明治?

· 샌드위치 다 떨어졌어요.　　싼밍즈 마이 완 러
　　　　　　　　　　　　　三明治卖完了。

· 닭고기 샌드위치 있어요?　　메이요우 찌로우 싼밍즈 마?
　　　　　　　　　　　　　没有肌肉三明治吗?

· 샌드위치 할인해요.　　　　싼밍즈 다져 러
　　　　　　　　　　　　　三明治打折了。

· 포인트 적립해 드릴까요?　　게이 닌 지펀 마?
　　　　　　　　　　　　　给您积分吗?

29 와이파이 　　无线网 · WIFI
　　　　　　　　　　　　　[wúxiànwǎng 우씨엔왕]

· 여기 와이파이 되나요?　　쩌리 넝 샹 우씨엔왕 마?
　　　　　　　　　　　　　这里能上无线网/WIFI吗?

· 와이파이 비밀번호가
　　뭐예요?　　　　　　　우씨엔왕 미마 스 뚜어샤오?
　　　　　　　　　　　　　无线网/WIFI密码是多少?

기내 28p　　공항 40p　　거리 64p　　택시&버스 78p　　전철&기차 90p

· 와이파이 좀 연결해 주세요.　　빵 워 리엔찌에 이씨아 우씨엔왕
　　　　　　　　　　　　　　　帮我连接一下无线网/WIFI。

30 화장실 ♟|♟

洗手间
[xǐshǒujiān 시셔우찌엔]

· 화장실은 어디 있어요?　　시셔우찌엔 짜이 날?
　　　　　　　　　　　　　洗手间在哪儿?

· 누구 있어요?　　리미엔 요우 런 마?
　　　　　　　　里面有人吗?

· 화장실이 잠겼는데요.　　시셔우찌엔 먼 수어 져
　　　　　　　　　　　　洗手间门锁着。

· 화장실이 더러워요.　　시셔우찌엔 헌 짱
　　　　　　　　　　　洗手间很脏。

· 화장실에 휴지가 없어요.　　시셔우찌엔 리 메이요우 웨이셩즈
　　　　　　　　　　　　　　洗手间里没有卫生纸。

식당

31 계산서

买单
[mǎidān 마이딴]

· 계산할게요.

워 야오 마이딴
我要买单。

· 이 메뉴 안 시켰는데요.

워 메이요우 디엔 쩌거 챠이
我没有点这个菜。

· 세금 포함한 금액이에요?

쪄씨에 치엔 리 한슈이 러 마?
这些钱里含税了吗？

· 계산서 좀 갖다 주세요.

게이 워 지에짱
给我结账。

· 영수증은 필요 없습니다.

뿌 쉬야오 셔우쮜
不需要收据。

32 신용카드

信用卡
[xìnyòngkǎ 씬용카]

· 신용카드 되나요?

넝 용 씬용카 마?
能用信用卡吗？

기내 28p   공항 40p   거리 64p   택시&버스 78p   전철&기차 90p

· 여행자 수표 되나요?　　　넝 용 뤼싱 즈피아오 마?
　　　　　　　　　　　　　能用旅行支票吗?

· 현금으로 할게요.　　　　워 용 씨엔찐 바
　　　　　　　　　　　　　我用现金吧。

· 할부로 해 주세요.　　　　워 야오 펀치 푸콴
　　　　　　　　　　　　　我要分期付款。

· 일시불로 해 주세요.　　　워 야오 이츠씽 푸관
　　　　　　　　　　　　　我要一次性付款。

· 현금이 부족해요.　　　　워 더 씨엔찐 부꼬우 러
　　　　　　　　　　　　　我的现金不够了。

· 카드 결제되나요?　　　　크어이 슈아카 마?
　　　　　　　　　　　　　可以刷卡吗?

· 여기에 사인해 주세요.　　칭 닌 짜이 쩌리 치엔쯔
　　　　　　　　　　　　　请您在这里签字。

식당

빨리찾아

01 **매표소** 售票处
[shòupiàochù 셔우피아오츄]

02 **입장료** 门票
[ménpiào 먼피아오]

03 **할인** 打折
[dǎzhé 다져]

04 **영업 시간** 营业时间
[yíngyè shíjiān 잉이에 스찌엔]

05 **시간표, 일정** 时间表
[shíjiānbiǎo 스찌엔비아오]

06 **추천** 推荐
[tuījiàn 투이찌엔]

07 **관광명소** 景点
[jǐngdiǎn 징디엔]

08 **설명** 讲解
[jiǎngjiě 지앙지에]

09	사진	照片 [zhàopiàn 쨔오피엔]
10	공연	表演 [biǎoyǎn 비아오옌]
11	주연 배우	主演 [zhǔyǎn 주옌]
12	공연 시간	表演时间 [biǎoyǎn shíjiān 비아오옌 스찌엔]
13	좌석	座位 [zuòwèi 쭈어웨이]
14	매진	售完 [shòuwán 셔우완]
15	휴식 시간	休息时间 [xiūxi shíjiān 씨우시 스찌엔]
16	잃어버리다	丢了 [diū le 띠우 러]

관광

관광할 때

01 매표소 🏛️

售票处
[shòupiàochù 셔우피아오츄]

· 매표소는 어디예요?

셔우피아오츄 짜이 날?
售票处在哪儿?

· 매표소는 가까워요?

셔우피아오츄 리 쩔 찐 마?
售票处离这儿近吗?

· 매표소로 데려가 주세요.

칭 바 워 따이 따오 셔우피아오츄
请把我带到售票处。

· 몇 장 필요하세요?

니 야오 지 쨩?
你要几张?

· 두 장 주세요.

워 야오 량쨩
我要两张。

02 입장료 門票
[ménpiào 먼피아오]

· 입장료가 얼마예요?
먼피아오 스 뚜어샤오 치엔?
门票是多少钱?

· 어린이 입장료는 얼마예요?
얼통피아오 스 뚜어샤오 치엔?
儿童票是多少钱?

· 입장료만 사면 다 볼 수 있나요?
마이 먼피아오 더화 또우 크어이 칸 마?
买门票的话都可以看吗?

· 저는 전체 관람권을 사고 싶어요.
워 야오 마이 통피아오
我要买通票。

· 성인 한 명과 아이 한 명이요.
이꺼 청니엔런, 이꺼 얼통
一个成年人，一个儿童。

관광

호텔 102p   식당 130p   관광 156p   쇼핑 170p   귀국 190p

03 할인

打折
[dǎzhé 다져]

· 할인되나요?

넝 다져 마?
能打折吗?

· 학생 할인되나요?

쉬에셩 넝 다져 마?
学生能打折吗?

· 할인된 가격이에요?

쪄 스 이징 다 완 져 더 찌아그어 마?
这是已经打完折的价格吗?

· 단체 할인되나요?

요우 투안티 요우후이 마?
有团体优惠吗?

04 영업 시간

营业时间
[yíngyè shíjiān 잉이에 스찌엔]

· 영업 시간이 언제예요?

잉이에 스찌엔 스 지 디엔 따오 지 디엔?
营业时间是几点到几点?

· 언제 열어요?　　　　　　　셴머 스허우 카이먼?
　　　　　　　　　　　　　　什么时候开门？

· 언제 닫아요?　　　　　　　셴머 스허우 꽌먼?
　　　　　　　　　　　　　　什么时候关门？

· 주말에도 문 여나요?　　　　쩌우모 예 카이먼 마?
　　　　　　　　　　　　　　周末也开门吗？

· 연중무휴입니다.　　　　　　치엔니엔 우씨우
　　　　　　　　　　　　　　全年无休。

· 월요일에만 휴무입니다.　　　즈요우 씽치이 씨우시
　　　　　　　　　　　　　　只有星期一休息。

05 시간표, 일정 时间表
[shíjiānbiǎo 스찌엔비아오]

· 시간표는 어디서 봐요?　　　짜이 날 칸 스찌엔비아오?
　　　　　　　　　　　　　　在哪儿看时间表？

· 이 공연 시간표 좀 보여　　　게이 워 칸 이씨아 쩌거 비아오옌
　주세요.　　　　　　　　　더 스찌엔비아오
　　　　　　　　　　　　　　给我看一下这个表演的时间表。

관광

호텔 102p　　식당 130p　　관광 156p　　쇼핑 170p　　귀국 190p

| · 시간표가 달라요. | 스찌엔비아오 뿌 이양 |
| | 时间表不一样。 |

| · 이 공연 일정 좀 보여 주세요. | 게이 워 칸 이씨아 쩌거 비아오옌 스찌엔비아오 |
| | 给我看一下这个表演时间表。 |

| · 자세한 일정은 어디에 있나요? | 씨앙씨 더 스찌엔비아오 짜이 날? |
| | 详细的时间表在哪儿？ |

| · 이 일정이 맞아요? | 쩌거 스찌엔비아오 뚜이 마? |
| | 这个时间表对吗？ |

06 추천 👍

推荐
[tuījiàn 투이찌엔]

| · 추천할 만한 볼거리 있어요? | 요우 투이찌엔 더 띠팡 마? |
| | 有推荐的地方吗？ |

| · 제일 추천하는 곳은 어디예요? | 니 쭈이 씨앙 투이찌엔 나거 띠팡? |
| | 你最想推荐哪个地方？ |

| · 추천 안 하는 곳은 어디예요? | 니 뿌 투이찌엔 나거 띠팡? |
| | 你不推荐哪个地方？ |

기내 28p   공항 40p   거리 64p   택시&버스 78p   전철&기차 90p

· 추천하는 코스가 있나요? 니 넝 게이 워 투이찌엔 루씨엔 마?
你能给我推荐路线吗?

07 관광명소

景点
[jǐngdiǎn 징디엔]

· 제일 유명한 관광명소가
어떤 거죠?

쭈이 요우밍 더 징디엔 스 나 이꺼?
最有名的景点是哪一个?

· 관광명소 추천해 주세요.

게이 워 투이찌엔 이꺼 징디엔
给我推荐一个景点。

08 설명

讲解
[jiǎngjiě 지앙지에]

· 설명해 주시는 분 있어요?

요우 지앙지에 더 런 마?
有讲解的人吗?

· 한국어로 된 설명도 있어요?

요우 용 한원 지에스 더 마?
有用韩文解释的吗?

관광

호텔 102p   식당 130p   관광 156p   쇼핑 170p   귀국 190p

· 번역기 있어요?　　　　　　요우 판이치 마?
　　　　　　　　　　　　　　有翻译器吗?

09 사진

照片
[zhàopiàn 쨔오피엔]

· 사진 찍으시면 안 됩니다.　　뿌 넝 파이 쨔오피엔
　　　　　　　　　　　　　　不能拍照片。

· 사진 찍어도 되나요?　　　　넝 파이 쨔오피엔 마?
　　　　　　　　　　　　　　能拍照片吗?

· 사진 한 장만 찍어 줄래요?　니 넝 빵 워 파이 이씨아 쨔오피엔
　　　　　　　　　　　　　　마?
　　　　　　　　　　　　　　你能帮我拍一下照片吗?

· 이것도 나오게 찍어 주세요.　야오 바 쪄거 예 파이 찐취
　　　　　　　　　　　　　　要把这个也拍进去。

· 우리 같이 찍어요.　　　　　워먼 이치 파이 바
　　　　　　　　　　　　　　我们一起拍吧。

· 배경 나오게 찍어 주세요.　　칭 바 뻬이징 파이 츄라이
　　　　　　　　　　　　　　请把背景拍出来。

기내 28p　　　공항 40p　　　거리 64p　　　택시&버스 78p　　전철&기차 90p

· 독사진 좀 찍어 주세요.　　게이 워 파이 짱 딴런짜오 바
　　　　　　　　　　　　　　给我拍张单人照吧。

· 상반신만 나오게 찍어　　　칭 즈 파이 쌍빤션
　주세요.　　　　　　　　　请只拍上半身。

· 전신컷으로 찍어 주세요.　칭 파이 취엔션 더
　　　　　　　　　　　　　　请拍全身的。

· 하나, 둘, 셋, 김치하세요.　이, 얼, 싼, 슈어 치에즈
　　　　　　　　　　　　　　一，二，三，说茄子。

· 웃으세요.　　　　　　　　씨아오 이 씨아오
　　　　　　　　　　　　　　笑一笑。

· 몇 장 더 찍어 주세요.　　마판 니 짜이 뚜어 파이 지 짱
　　　　　　　　　　　　　　麻烦你再多拍几张。

10 공연 👫👫　表演
　　　　　　　　[biǎoyǎn 비아오옌]

관광

· 공연 볼 거예요.　　　　　워 야오 칸 비아오옌
　　　　　　　　　　　　　　我要看表演。

· 공연 언제 시작해요?　　　　비아오옌 션머 스허우 카이스?
　　　　　　　　　　　　　表演什么时候开始?

· 공연 얼마 동안 해요?　　　　비아오옌 야오 뚜어챵 스찌엔?
　　　　　　　　　　　　　表演要多长时间?

· 공연이 취소되었습니다.　　　비아오옌 취씨아오 러
　　　　　　　　　　　　　表演取消了。

11 주연 배우 🏃

主演
[zhǔyǎn 주옌]

· 주연 배우가 누구예요?　　　쉐이 스 주옌?
　　　　　　　　　　　　　谁是主演?

· 주연 배우가 유명해요?　　　주옌 요우밍 마?
　　　　　　　　　　　　　主演有名吗?

· 그 드라마 여기서 찍었나요?　나 뿌 띠엔스쮜 스 짜이 쪄리 파이
　　　　　　　　　　　　　더 마?
　　　　　　　　　　　　　那部电视剧是在这里拍的吗?

· 주연 배우 때문에 관광명소　인웨이 주옌 청웨이 러 뤼요우 셩띠
　가 되었어요.　　　　　　因为主演成为了旅游胜地。

12 공연 시간 🕐

表演时间
[biǎoyǎn shíjiān 비아오옌 스찌엔]

· 공연 보면서 뭐 먹어도
되나요?

칸 비아오옌 스 크어이 츠 똥시 마?
看表演时可以吃东西吗?

· 공연 보면서 사진 찍어도
되나요?

칸 비아오옌 스 크어이 파이 쨔오
피엔 마?
看表演时可以拍照片吗?

· 공연 시간이 좀 짧네요.

비아오옌 스찌엔 요우디알 두안
表演时间有点儿短。

· 공연 시간이 좀 길어요.

비아오옌 스찌엔 요우디알 챵
表演时间有点儿长。

13 좌석 💺

座位
[zuòwèi 쭈어웨이]

· 앞 좌석으로 주세요.

워 야오 카오 치엔 더 쭈어웨이
我要靠前的座位。

· 뒷 좌석으로 주세요.

워 야오 카오 허우 더 쭈어웨이
我要靠后的座位。

관광

호텔 102p   식당 130p   관광 156p   쇼핑 170p   귀국 190p

· 중간 좌석으로 주세요.　　워 야오 쫑찌엔 더 쭈어웨이
　　　　　　　　　　　　我要中间的座位。

· 좋은 자리로 주세요.　　게이 워 하오 이디엔 더 쭈어웨이
　　　　　　　　　　　　给我好一点的座位。

14 매진 📇　　　　售完
　　　　　　　　　　　[shòuwán 셔우완]
───────────────────────────────

· 매진되었나요?　　　　피아오 셔우완 러 마?
　　　　　　　　　　　票售完了吗?

> **TIP** '매진'은 서면어로는 [셔우완 售完]이라고 하지만, 회화에서는 [마이 꽝 러 卖光
> 了], [마이 완 러 卖完了]라고 해요.

· 다음 공연은 몇 시예요?　　씨아 이츠 비아오옌 스 션머
　　　　　　　　　　　　　스허우?
　　　　　　　　　　　　　下一次表演是什么时候?

· 아예 표가 없어요?　　　　이쨩 피아오 예 메이요우 마?
　　　　　　　　　　　　　一张票也没有吗?

15 휴식 시간 ⏰

休息时间
[xiūxi shíjiān 씨우시 스찌엔]

· 휴식 시간이 언제예요?   션머 스허우 씨우시?
什么时候休息?

· 휴식 시간이 있어요?   요우 씨우시 스찌엔 마?
有休息时间吗?

· 휴식 시간이 몇 분이에요?   씨우시 스찌엔 스 지 펀쭝?
休息时间是几分钟?

16 잃어버리다

丢了
[diū le 띠우 러]

· 티켓을 잃어버렸어요.   워 바 피아오 농 띠우 러
我把票弄丢了。

· 휴대 전화를 잃어버렸어요.   워 바 셔우찌 농 띠우 러
我把手机弄丢了。

관광

호텔 102p   식당 130p   관광 156p   쇼핑 170p   귀국 190p

빨리찾아

01	추천	推荐 [tuījiàn 투이찌엔]
02	둘러보는 거예요	只是看看 [zhǐshì kànkan 즈스 칸칸]
03	셔츠	衬衫 [chènshān 천샨]
04	치마	裙子 [qúnzi 췬즈]
05	사이즈	大小 [dàxiǎo 따씨아오]
06	입어(신어) 볼게요	试穿一下 [shìchuān yíxià 스츄완 이씨아]
07	피팅룸	试衣间 [shìyījiān 스이찌엔]
08	선물	礼物 [lǐwù 리우]

기내 28p   공항 40p   거리 64p   택시&버스 78p   전철&기차 90p

09	주류	酒类 [jiǔlèi 지우레이]
10	차	茶 [chá 챠]
11	향수	香水 [xiāngshuǐ 씨앙슈웨이]
12	시계	手表 [shǒubiǎo 셔우비아오]
13	가방	包 [bāo 빠오]
14	화장품	化妆品 [huàzhuāngpǐn 화쭈앙핀]
15	할인 · 세일	打折 · 优惠 [dǎzhé 다져 · yōuhuì 요우후이]
16	교환 · 환불	换 · 退钱 [huàn 환 · tuìqián 투이치엔]

쇼핑

쇼핑할 때

01 추천

推荐
[tuījiàn 투이찌엔]

· 추천할 만한 옷 있어요?

니먼 요우 투이찌엔 더 이푸 마?
你们有推荐的衣服吗？

· 추천할 만한 선물 있어요?

요우 선머 투이찌엔 더 리우 마?
有什么推荐的礼物吗？

· 부모님 선물 좀 추천해
주세요.

게이 워 투이찌엔 이씨아 쏭 푸무
더 리우
给我推荐一下送父母的礼物。

· 이 옷이랑 어울릴 만한 걸로
추천 좀 해 주세요.

게이 워 투이찌엔 이씨아 흐어 쩌거
씨앙페이 더 이푸
给我推荐一下和这个衣服相配的
衣服。

· 이거 있어요?

쩌거 요우 마?
这个有吗？

기내 28p   공항 40p   거리 64p   택시&버스 78p   전철&기차 90p

· 있어요, 저를 따라오세요.　　요우, 칭 껀 워 라이
　　　　　　　　　　　　　有，请跟我来。

· 있어요, 제가 가져다드릴　　요우, 워 취 게이 니 나
　게요.　　　　　　　　　　有，我去给你拿。

· 저쪽에 있어요.　　　　　　나삐엔 요우
　　　　　　　　　　　　　那边有。

02 둘러보는 거예요

只是看看
[zhǐshì kànkan 즈스 칸칸]

· 그냥 보는 거예요.　　　　워 즈 스 칸칸
　　　　　　　　　　　　　我只是看看。

· 혼자 둘러 볼게요.　　　　워 이꺼 런 칸칸 바
　　　　　　　　　　　　　我一个人看看吧。

쇼핑

· 도움이 필요하면 부를게요. 감사해요.

쉬야오 더화 워 후이 찌아오 닌 더.
씨에씨에

需要的话我会叫你您的。谢谢。

03 셔츠

衬衫
[chènshān 천산]

· 셔츠 보려고요.

워 씨앙 칸 이씨아 천샨
我想看一下衬衫。

· 이거 남자 거예요?

쪄 스 난 콴 마?
这是男款吗？

· 이거 여자 거예요?

쪄 스 뉘 콴 마?
这是女款吗？

· 넥타이도 볼 거예요.

워 하이 야오 칸 링따이
我还要看领带。

· 또 다른 거 있어요?

하이 요우 비에 더 마?
还有别的吗？

· 색깔 다른 거 있어요?

요우 비에 더 옌쓰어 마?
有别的颜色吗？

· 더 싼 거 있어요?   요우 껑 피엔이 더 마?
                    有更便宜的吗？

· 새것 있어요?   요우 씬 더 마?
                    有新的吗？

04 치마

裙子
[qúnzi 췬즈]

· 치마 보려고요.   워 야오 칸 췬즈
                    我要看裙子。

· 긴 치마 있어요?   요우 챵 췬 마?
                    有长裙吗？

· 짧은 치마 있어요?   요우 두안 췬 마?
                    有短裙吗？

· 원피스 있어요?   요우 리엔이췬 마?
                    有连衣裙吗？

· 치파오 있나요?   요우 치파오 마?
                    有旗袍吗？

쇼핑

· 청치마 있어요?   하이 니우자이췬 마?
有牛仔裙吗?

· 체크무늬 치마 있어요?   요우 거원 췬 마?
有格纹裙吗?

05 사이즈 🐕   大小
[dàxiǎo 따씨아오]

· 사이즈가 어떻게 되세요?   니 츄완 뚜어따 더 이푸?
你穿多大的衣服?

· 너무 커요.   타이 따 러
太大了。

· 너무 작아요.   타이 씨아오 러
太小了。

· 더 큰 걸로 주세요.   워 야오 껑 따 이디알 더
我要更大一点儿的。

· 더 작은 걸로 주세요.   워 야오 껑 씨아오 이디알 더
我要更小一点儿的。

· 원 사이즈입니다.　　　　　찌우 이꺼 츠춘
　　　　　　　　　　　　就一个尺寸。

· 프리 사이즈입니다.　　　　스 쥔마
　　　　　　　　　　　　是均码。

· L 사이즈로 주세요.　　　　게이 워 L 마 / 게이 워 따마
　　　　　　　　　　　　给我L码。／ 给我大码。

· L 사이즈는 66 사이즈　　　따마 스 리우리우 마 더 마?
　인가요?　　　　　　　　大码是66码的吗？

· M 사이즈로 주세요.　　　　게이 워 M 마 / 게이 워 쫑마
　　　　　　　　　　　　给我M码。／ 给我中码。

· S 사이즈로 주세요.　　　　게이 워 S 마 / 게이 워 씨아오마
　　　　　　　　　　　　给我S码。／ 给我小码。

06 입어(신어) 볼게요

试穿一下
[shìchuān yíxià 스츄완 이씨아]

· 이거 입어(신어) 볼게요.　　쩌거 워 씨앙 스츄완 이씨아
　　　　　　　　　　　　这个我想试穿一下。

쇼핑

· 다른 거 입어 볼게요.　　　**워 씨앙 스츄완 이씨아 비에 더**
　　　　　　　　　　　　　我想试穿一下别的。

· 다른 사이즈 신어 볼게요.　**워 씨앙 츄완 이씨아 비에 더 하오마**
　　　　　　　　　　　　　我想穿一下别的号码。

· 37 사이즈 있나요?　　　　**요우 싼스치 마 더 마?**
　　　　　　　　　　　　　有37码的吗？

· 굽 낮은 구두 있나요?　　　**요우 띠 껀 피시에 마?**
　　　　　　　　　　　　　有低跟皮鞋吗？

· 플랫슈즈 있나요?　　　　　**요우 핑 띠 시에 마**
　　　　　　　　　　　　　有平底鞋吗？

07 피팅룸 🚪　　　试衣间
　　　　　　　　　　　[shìyījiān 스이찌엔]

· 피팅룸은 어디예요?　　　　**스이찌엔 짜이 날?**
　　　　　　　　　　　　　试衣间在哪儿？

· 피팅룸을 못 찾겠어요.　　　**쟈오부따오 스이찌엔**
　　　　　　　　　　　　　找不到试衣间。

· 몇 개 입어 볼 수 있어요?　크어이 스츄완 지 찌엔 이푸?

可以试穿几件衣服？

· 이건 안 입어 봤어요.　쩌거 워 메이 츄완

这个我没穿。

· 이거 살 게요.　워 야오 마이 쩌거

我要买这个。

08 선물 🎁

礼物
[lǐwù 리우]

· 선물 포장해 주세요.　쩌 펀 리우 게이 워 빠오쭈앙 이씨아

这份礼物给我包装一下。

· 선물로 뭐가 좋은가요?　쏭 션머 리우 하오?

送什么礼物好？

· 이거 선물로 어때요?　쩌거 땅 리우 전머양?

这个当礼物怎么样？

· 잘 포장해 주세요.　칭 바 쩌거 빠오 하오이디알

请把这个包好一点儿。

호텔 102p　　식당 130p　　관광 156p　　쇼핑 170p　　귀국 190p

· 포장은 이거 하나만 해
  주세요.

워 즈야오 빠오쭈앙 쪄 이꺼
我只要包装这一个。

· 포장하는 데 돈 들어요?

빠오쭈앙 더화 야오 치엔 마?
包装的话要钱吗？

09 주류 🍷

酒类
[jiǔlèi 지우레이]

· 술은 어디서 사요?

짜이 날 크어이 마이 지우?
在哪儿可以买酒？

· 레드와인 보여 주세요.

게이 워 칸 이씨아 홍지우
给我看一下红酒。

· 마오타이주 보여 주세요.

게이 워 칸 이씨아 마오타이지우
给我看一下茅台酒。

· 공부가주 보여 주세요.

게이 워 칸 이씨아 콩푸찌아지우
给我看一下孔府家酒。

· 이과두주 보여 주세요.

게이 워 칸 이씨아 얼꾸어터우지우
给我看一下二锅头酒。

· 제가 몇 병 살 수 있어요?   워 크어이 마이 지 핑?
我可以买几瓶?

10 차 ☕

茶
[chá 챠]

· 우롱차 있어요?   요우 우롱챠 마?
有乌龙茶吗?

· 보이차 있어요?   요우 푸얼챠 마?
有普洱茶吗?

· 모리화차 있어요?   요우 모어리화챠 마?
有茉莉花茶吗?

· 용정차 있어요?   요우 롱징챠 마?
有龙井茶吗?

· 화차 있어요?   요우 화챠 마?
有花茶吗?

· 녹차 있어요?   요우 뤼챠 마?
有绿茶吗?

쇼핑

호텔 102p   식당 130p   관광 156p   쇼핑 170p   귀국 190p

11 향수

香水
[xiāngshuǐ 씨앙슈웨이]

· 향수 보려고요.

워 야오 칸 씨앙슈웨이
我要看香水。

· 이거 시향해도 되나요?

쩌거 워 크어이 펀 이씨아 마?
这个我可以喷一下吗?

· 달콤한 향 있어요?

요우 웨이따오 티엔미 더 씨앙슈
웨이 마?
有味道甜蜜的香水吗?

· 상큼한 향 있어요?

요우 웨이따오 칭씬 더 씨앙슈웨이
마?
有味道清新的香水吗?

12 시계

手表
[shǒubiǎo 셔우비아오]

· 손목시계 보려고요.

워 야오 칸 셔우비아오
我要看手表。

· 여자 걸로 보려고요.

워 야오 칸 뉘콴
我要看女款。

· 남자 걸로 보려고요.

워 야오 칸 난콴
我要看男款。

· 어린이 시계로 보려고요.

워 야오 칸 얼퉁 셔우비아오
我要看儿童手表。

13 가방 🎒

包
[bāo 빠오]

· 가방 보려고요.

워 야오 칸 빠오
我要看包。

· 숄더백 보여 주세요.

게이 워 칸 이씨아 콰빠오
给我看一下挎包。

· 토트백 보여 주세요.

게이 워 칸 이씨아 셔우티빠오
给我看一下手提包。

· 클러치백 보여 주세요.

게이 워 칸 이씨아 셔우나빠오
给我看一下手拿包。

쇼핑

호텔 102p   식당 130p   관광 156p   쇼핑 170p   귀국 190p

· 지갑 보여 주세요.

게이 워 칸 이씨아 치엔빠오
给我看一下钱包。

· 남자 지갑 보여 주세요.

게이 워 칸 이씨아 난스 치엔빠오
给我看一下男式钱包。

· 여자 지갑 보여 주세요.

게이 워 칸 이씨아 뉘스 치엔빠오
给我看一下女式钱包。

14 화장품 📱

化妆品
[huàzhuāngpǐn 화쭈앙핀]

· 화장품 보려고요.

워 야오 칸 화쭈앙핀
我要看化妆品。

· 화장품 코너는 어디예요?

화쭈앙핀 짜이 날?
化妆品在哪儿？

· 크림 보여 주세요.

게이 워 칸 이씨아 슈앙
给我看一下霜。

· 립스틱 보여 주세요.

게이 워 칸 이씨아 커우홍
给我看一下口红。

· 파운데이션 보여 주세요.	게이 워 칸 이씨아 펀디이에 给我看一下粉底液。
· 마스카라 보여 주세요.	게이 워 칸 이씨아 지에마오까오 给我看一下睫毛膏。
· 이것은 로션인가요?	쩌 스 루예 마? 这是乳液吗？
· 저는 지성 피부입니다.	워 스 요우씽 피푸 我是油性皮肤。
· 저는 복합성 피부입니다.	워 스 훈허씽 피푸 我是混合型皮肤。
· 저는 건성 피부입니다.	워 스 깐씽 피푸 我是干性皮肤。
· 제 피부는 굉장히 민감해요.	워 더 피푸 터비에 민간 我的皮肤特别敏感。
· 수분 크림을 사려고요.	워 씨앙 마이 부슈웨이 미엔슈앙 我想买补水面霜。
· 기초 화장품을 사려고요.	워 씨앙 마이 찌츄 화쭈앙핀 我想买基础化妆品。
· BB크림 주세요.	칭 게이 워 비비슈앙 请给我BB霜。

쇼핑

호텔 102p   식당 130p   관광 156p   쇼핑 170p   귀국 190p

15 할인·세일 打折·优惠
[dǎzhé 다져·yōuhuì 요우후이]

> **TIP** 중국의 화폐를 말할 때 서면어로는 [위엔 元]이라고 하며, 구어체로는 위안을 [콰이 块]로 바꿔 말해요.

· 할인되나요?　　　　　　　넝 다져 마?
　　　　　　　　　　　　　能打折吗？

· 얼마나 할인해 주시나요?　넝 다 지 져?
　　　　　　　　　　　　　能打几折？

· 할인 더 해 주세요.　　　　짜이 게이 워 다 디엔 져 바
　　　　　　　　　　　　　在给我打点折吧。

· 할인하면 얼마예요?　　　다져 더 화 뚜어샤오 치엔?
　　　　　　　　　　　　　打折的话多少钱？

· 이거 세일해요?　　　　　쪄거 짜이 다져 마?
　　　　　　　　　　　　　这个在打折吗？

· 이거 세일 금액이에요?　　쪄스 요우후이찌아 마?
　　　　　　　　　　　　　这是优惠价吗？

· 이건 세일 품목이 아닙니다.　쪄거 부스 요우후이 샹핀
　　　　　　　　　　　　　　这个不是优惠商品。

기내 28p　　　공항 40p　　　거리 64p　　　택시&버스 78p　　　전철&기차 90p

· 너무 비싸요.

타이 꾸이 러
太贵了。

· 깎아 주세요.

피엔이 이디알
便宜一点儿。

· 조금 더 깎아 주세요.

짜이 게이 워 피엔이 이디알 바
再给我便宜一点儿吧。

· 카드로 하실 건가요,
현금으로 하실 건가요?

닌 야오 슈아카 하이스 씨엔찐?
您要刷卡还是现金？

· 현금으로 할게요.

워 야오 씨엔찐
我要现金。

· 카드로 할게요.

워 야오 슈아카
我要刷卡。

· 이 옷은 60% 할인해요.

쪄 찌엔 이푸 다 쓰 져
这件衣服打四折。

· 원가는 200위안인데,
50% 할인해 드릴게요.

위엔찌아 량바이 위안, 다 우 져
原价200远，打五折。

· 원 플러스 원입니다.

마이 이 쏭 이
买一送一。

쇼핑

호텔 102p   식당 130p   관광 156p   쇼핑 170p   귀국 190p

187

16 교환·환불 换·退钱
[huàn 환·tuìqián 투이치엔]

· 옷을 교환하고 싶어요.
워 씨앙 환 이푸
我想换衣服。

· 영수증 있으세요?
요우 파피아오 마?
有发票吗?

· 왜 교환하려고요?
웨이션머 야오 환?
为什么要换?

· 어떤 걸로 교환하시겠어요?
야오 환청 나 이꺼?
要换成哪一个?

· 망가졌어요.
화이 러
坏了。

· 마음에 안 들어요.
워 뿌 시환 쩌거
我不喜欢这个。

· 사이즈가 맞지 않아서요.
인웨이 따씨아오 뿌 흐어스
因为大小不合适。

· 이거 환불하고 싶어요.
쩌거 워 씨앙 투이치엔
这个我想退钱。

기내 28p   공항 40p   거리 64p   택시&버스 78p   전철&기차 90p

· 왜 환불하려고 하세요?   웨이션머 야오 투이치엔?
为什么要退钱?

· 카드 가져오셨나요?   따이 카 러 마?
带卡了吗?

· 이미 포장을 뜯긴 했어요.   빠오쭈앙 이징 챠이 러
包装已经拆了。

· 근데 안 썼어요.   크어스 워 메이 용 꾸어
可是我没用过。

· 고객님께서 구매하신
물품은 교환, 환불이
불가합니다.   닌 꺼우마이 더 쪄 찌엔 샹핀 스 부
투이 부 환 더
您购买的这件商品是不退不换的。

· 한 사이즈 큰 것으로 바꿔
주세요.   칭 게이 워 환 이씨아 따 이하오 더
请给我换一下大一号的。

쇼핑

호텔 102p   식당 130p   관광 156p   쇼핑 170p   귀국 190p

빨리찾아

01	변경	换 [huàn 환]
02	연착	误点 [wùdiǎn 우디엔]
03	요청	申请 [shēnqǐng 션칭]
04	환승	换乘 [huànchéng 환청]
05	제한	限制 [xiànzhì 씨엔즈]

귀국할 때

01 변경 🔍✨

换
[huàn 환]

- 제 비행기 변경하려고요.
  워 씨앙 환 페이찌 항빤
  我想换飞机航班。

- 제 자리 업그레이드하려
  고요.
  워 씨앙 셩창
  我想升舱。

- 제 비행기를 놓쳤어요.
  워 츄어꾸어 러 페이찌
  我错过了飞机。

- 다음 비행기편은 언제예요?
  씨아츠 항빤 스 션머 스허우?
  下次航班是什么时候？

02 연착 ✈️

误点
[wùdiǎn 우디엔]

- 비행기가 연착되었습니다.
  페이찌 우디엔 러
  飞机误点了。

호텔 102p   식당 130p   관광 156p   쇼핑 170p   귀국 190p

· 얼마나 기다려요?　　　　야오 덩 뚜어챵 스찌엔?
　　　　　　　　　　　　要等多长时间?

· 다른 비행기로 바꿀 수　　크어이 환청 비에 더 페이찌 마?
　있어요?　　　　　　　　可以换成别的飞机吗?

03 요청 🗣

申请
[shēnqǐng 션칭]

· 미리 요청은 안 했어요.　　워 메이요우 티치엔 션칭
　　　　　　　　　　　　我没有提前申请。

· 지금 요청은 불가능해요?　씨엔짜이 뿌넝 션칭 마?
　　　　　　　　　　　　现在不能申请吗?

04 환승 🛬

换乘
[huànchéng 환청]

· 환승 라운지는 어디예요?　짜이 날 환청?
　　　　　　　　　　　　在哪儿换乘?

· ○○○을 경유해서 인천
으로 가요.

찡꾸어 취 런츄안
经过○○○去仁川。

05 제한

限制
[xiànzhì 씨엔즈]

· 중량 제한이 얼마예요?

쫑리양 씨엔즈 스 뚜어샤오?
重量限制是多少?

· 기내 중량 제한은요?

찌네이 쫑리양 씨엔즈 스 뚜어샤
오?
机内重量限制是多少?

· 이거 가져갈 수 있나요?

쪄거 넝 따이 져우 마?
这个能带走吗?

· 이러한 물건들은 가져갈
수 없어요.

쪄씨에 똥시 뿌 크어이 따이져우
这些东西你不可以带走。

MEMO